JN411329

그녀는 결혼 후 검사가 되었다

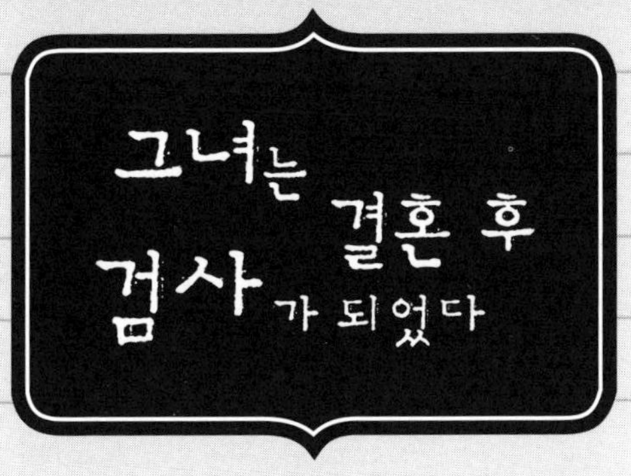

증보판

조희천 지음

이 책은 결혼 후 시험공부를 하려는 아내와 그 남편을 위해 쓴 자전적 안내서다. 최근 노량진 학원가를 둘러봤다. 곳곳에 '인생역전'을 구호로 내걸고 시험에 도전하라고 부추기는 문구들이 보였다. 사람은 누구나 역전을 꿈꾼다. 하지만 인생과 역전은 그리 어울리는 조합이 아니다. 서로 상관이 없다고 함이 옳은 것 같다. 지금 우리가 걸어가는 한 걸음 한 걸음이 길게 보아서 우리의 운명을 바꾸는 것이지, 단 한방에 하늘에서 떨어지듯 뭔가가 바뀌는 것은 아니기 때문이다. 최선을 다했지만 실패한 분들에게는 미안하지만 실패의 배경에는 준비 부족이 있다. 잘난 체 하는 말이 아니다. 필자 또한 기고만장할 줄만 알았지, 정작 준비는 소홀히 하고 세상일에 덤볐다가 쓴 맛을 보고 후유증에 휘청거린 때가 있어 누구보다 확실히 말할 수 있다. 이 책은 인생 2막을 공부로 열기 위해 준비하는 분들이 쓴 맛 보지 않도록 우리 모두 준비를 철저히 하자는 취지에서 썼다.

현재 자신의 처지가 비록 새로운 공부의 시작을 본격적으로 시도하기 어렵다 하더라도 가족이나 연인 등 주변 사람들의 도움으로 얼마든지 한가지씩 극복이 가능하다고 나는 생각한다. 공부를 새로 시작하려는 사람들에게 무엇이 가장 힘드냐고 물어보면 시작이 너무 늦은 것이 아닌가 하는 두려움, 경제적 어려움, 주변 사람들의 비협조, 공부에 대한 정보나 학원 등 공부를 할 수 있는 수단의 부족 등을 꼽는다. 이 책은 본인 스스로 새로운 것을 하기에는 나이가 많다고 여기거나 직장 생활을 하다가 인생 행로를 바꾸기 위해 무언가 어떤 분야의 공부를 새롭게 시작하려는 분들을 염두에 두고 썼다. 대업을 이루기 위한 준비의 과정에서 나이란 부차적인 문제일 따름이다. 이 책을 쓰는 동안에도 나는 40이 넘은 나이로 서울대학교 박사과정에 진학했다.

이 책에 주로 언급되는 우리 집사람은 사법시험을 준비했지만, 이 글을 읽는 분들은 그 어떤 공부를 준비한다 하더라도 관계 없을 것 같다. 이 책을 읽고 여성이 새로운 시작을 하는데 도움이 되었으면 좋겠다는 생각뿐이다.

새로 공부를 시작하는 분들에게는 많은 난관이 기다리고 있다. 이들이 난관을 쉽게 돌파하는 방법은 본인의 의지 이외에도 주변의 전략적이고 세심한 도움, 좋은 정보와 공부 시설이다. 개인의 의지는 공부를 시작하기 위한 당연한 필요조건이다. 성공을 거두기 위해서는 주변의 도움이라는 조건도 있어야 한다. 맹자孟子의 천시지리인화天時地利人和를 따로 언급하지 않더라도 주변 사람들의 도움은 그 어떤 요소보다 중요하다. 멘토링Mentoring이 사회적 관심사로 대두되는 것도 천시天時나 지리地利를 넘어서는 사람에 의한 도움이 절실하다는 것을 깨달은 결과물이라고 나는 생각한다. 하물며 인생 반려자인 배우자에 의한 멘토링은 그 중요성을 아무리 강조해도 부족하지 않을 것이다. 근본도 알려져 있지 않은 자칭 종교인들을 멘토라고 따라다니며 아까운 시간을 낭비하지 말았으면 좋겠다. 가까운 곳에 나를 누구보다도 잘 알고 내가 하고픈 것을 이해하고 사랑해주는 사람이 멘토가 되길 자청하고 있다. 만약 그가 멘토가 되길 거부한다면 이 책을 소개해 주었으면 좋겠다.

이 책은 내가 신문사를 나와서 새로운 도약을 준비하던 2004년 첫 발간되었다. 그 이후 다시 몇몇 분들의 격려와 관심으로 수정 증보되어 오늘에 이르렀다. 이 책은 2004년 발간된 책과 기본 골격은 비슷하지만 많은 부분이 새로 보완된 것이다. 2004년도 발간된 책은 '아내를 공부시켜 사법시험에 합격케 하는 29가지 방법'이라는 제목으로 책의 목차도 29가지를 구체적으로 나누어 놓았다.

당시 책에서 나눈 29가지는 '밥상부터 구조조정하라. 처제를 100% 활용하라. 처갓집 근처로 이사하라. 청소 안 된 집에 적응하라. 집안에 손님을 들이지 마라. 밖에서 사 먹을 수 있는 것은 집 안에서 구하지 마라. 잠자리를 편하게 고쳐라. TV를 치워라. 스스로 선택한 일임을 주지시켜라. 공부를 위한 시설에 투자하라. 공부와 관련된 헛소문에 주눅들지 마라. 일요일엔 부부가 함께 시험정보 취득에 나서라. 공부하기 쉬운 곳으로 이사하라. 적당히 늦게 퇴근하라. 남편은 운전기사가 되어라. 휴일에도 아내에게 의존할 생각은 하지 마라. 시댁에 아내를 이해시켜라. 명절, 휴일, 휴가를 잊어라. 아내를 사랑하라. 남편의 취미를 아내에게 맞춰라. 재미있는 유머를 기억하라. 아내에게 적극적으로 애정 표현을 하라. 정기적으로 아내와 술집에 가라. 아내의 건강 검진 및 보약을 챙겨라. 아내를 감동시켜라–생일과 결혼기념일을 잊지 마라. 원한다면 언제든 그만 둘 수 있다고 말하라. 아내의 경쟁심을 자극하라. 성공 이후에 쓰일 만한 물건을 선물하라. 참고 참아라'였다.

이번에 수정증보판을 내면서 출판사의 제안으로 초판의 분위기를 살리되 제목을 사회상에 맞춰 바꾸었으며, 내용면에서는 3부 이외의 부분을 새로 추가하였다.

2012년 11월

조희천

내가 서울대학교 2학년 시절부터 사귀기 시작한 우리 부부는 1996년 12월에 7년간의 파란만장한 연애 끝에 결혼식을 올렸다. 결혼 당시 나는 조선일보 사회부 기자였고, 집사람은 제일기획의 광고 기획자AE로서 나보다 사회생활을 3년이나 먼저 시작한 처지였다. 광고 기획자로서 커리어 우먼의 길을 걷던 아내는 1997년 외환위기의 암운이 드리우던 가운데 유유히 직장을 그만두고 백수의 길을 선택했다.

그 이후 우리 부부는 줄곧 긴장과 갈등의 생활을 경험했다. 직업 특성상 아침 일찍 출근해 저녁 늦게 퇴근하는 나와 하루 종일 집에서 남편을 기다려야 하는 아내 사이에는 '부부란 무엇인가'라는 근본적인 이념에 있어서의 치열한 사상투쟁만이 기다리고 있었다.

심지어 집사람은 남편이 자신의 애로사항을 한 귀로 듣고 한 귀로 흘려버린다며 결혼에 대한 남편의 순수성마저 의심하는 처지에 이르렀다. 일용 노동자와 마찬가지로 그 날 별 일이 없어도 술 한 잔을 걸쳐야 퇴근에 이르게 되는 기자 생활의 특성상 남편인 나는 맨 정신에 귀가하는 날이 별로 없었고 늘상 듣게 되는 집사람의 항의와 읍소는 남편에게 결혼 생활의 미래를 암울하게 만들었다.

이런 상황에서 우리 부부는 아내의 수험생활이란 새로운 도전을 시작하기로 합의했다. 집사람이 "내가 할 수 있을만한 일이 공부 말고는 거의 없다"며 내뱉은 공언과 "공부라도 시작하면 남편을 덜 잡지나 않을까"하는 나의 재빠른 기획이 맞아 떨어진 결과였다.

하지만 집사람이 선택한 수험생활은 집사람뿐만 아니라 남편인 나에게도 도전과 응전의 연속이었다. 시험 과목이 뭔지, 어디서부터 어떻게 기초실력을 닦아나가야 하는지도 모르는 채로 법대를 졸업하지도 않은 집사람은 법학 개론서도 한 번 읽어보지 않은 실력으로 수만 원짜리 법학 교과서를 무차별적으로 사들이며 배수의 진을 치기 시작했다.

아내는 나에게 졸업생이 서울대학교 중앙도서관을 무시로 입장할 수 있는 방법을 알아오라는 주문부터 민법 교과서는 어느 교수가 쓴 것이 가장 유명한가, 서울 신림동 고시촌 학원 가운데 어디가 가장 유명한가 하는 질문을 쏟아내기 시작했다. 이 모든 것이 내가 기자라는 이유 하나로, 아무래도 집에서 노는 자신보다는 취재능력이 있지 않겠느냐며 출근 때부터 잠자리에 들기까지 줄기차게 이어졌고, 마침내 나는 수험생활보다 수험생활 뒷바라지가 훨씬 더 고달픈 것일지도 모른다는 사실을 깨닫기 시작했다. 이런 나를 지켜보시던 아버님과 장인, 장모님은 "소영이의 용기는 가상하지만 괜한 일 하는 것이 아니냐"며 걱정하시기에 이르렀다.

이런 가운데 집사람은 씩씩하게 '초단기마스터반'이라는 이름의, 세계 법학사에 유래가 없는, 3개월만에 민법총칙을 마스터하게 해 준다는 코스에 등록하는 것을 시작으로 신림동에 드나들기 시작했고, 이어서 나는 신림동 근처로 이사 갈 궁리를 하다가 여의치 못하자 수험생의 기사 노릇을 하기에 이르렀다. 출근에 앞서 집사람을 신림동 고시촌에 내려 주고 퇴근길에도 가능하다면 데리고 오는 생활이 이어졌다.

이런 가운데 날벼락이 떨어졌다. 집사람이 설상가상으로 임신의 영광을 차지한 것이다. 한창 공부에 재미를 붙이던 집사람은 한 사람 수강료로 두 사람이 강의를 듣는다며 부른 배를 안고 신림동 고시촌을 계속 찾았고, 1999년 마침내 우리 아들 민재는 기본 3법을 마스터하고 세상에 태어났다. 이런 과정을 거쳐 우리 집사람은 2001년 43회 사법시험에 합격했고, 나는 수험생 뒷바라지에 졸업을 고했다.

지금 돌이켜 본다면 목표로 하는 시험이 무엇이든 자신의 아내가 꼭 합격할 수 있다는 생각을 버리지 말고 참고 참고 또 참는다면 누구에게나 수험생활을 성공적으로 끝낼 수 있을 때가 온다는 말을 할 수 있을 것 같다.

그 기간 동안 많은 희로애락이 있을 것이며 다른 부부들과는 다른, 어려움 속에서의 동지애를 느끼기도 할 것이다. 충분히 고민했다면 무엇을 선택했든 돌아보지 말고 나아가라. 반드시 끝이 온다. 인내하는 자에게는 회상하며 웃을 수 있는 시간이 오는 것이다.

이 책은 결혼 후 시험공부를 하려는 아내나 그 남편을 위해 쓴 자전적 안내서다. 가능한 실용적으로 쓰려고 했으므로 항목을 많이 나누었다. 우리 부부의 경험을 바탕으로 한 것이므로 일반화 할 수는 없겠지만 적어도 공부를 시작하려는 용기를 가진 분들에게 희망을 줄 수 있다면 다행스러울 따름이다. 시작하려는 지금 당신이 혹은 당신의 아내가 몇 살이든 늦지 않았다. 올 해에 시작한다면 내년보다 한 살 먼저 시작하는 것이므로. 한 살이라도 젊었을 때에 시작하자. 시작하는 당신에게 행운이 함께 하기를.

2004년 1월

조희천

■ contents

■ Part 3

다시 보는 29가지 성공법

Part 1

시험공부를 하기까지

1.
가족의 탄생 전야

내 미래의 부인으로 장소영씨를 찍은 것은 대학에서 정치학을 공부하기로 한 것과 함께 전적으로 내가 내린 선택이었다. 대학 진학을 앞두고 등록금을 내 주시기로 한 아버지는 내가 설령 지망학교를 바꾸는 경우가 있더라도 법학과에 진학해 고시공부를 했으면 하는 눈치셨다. 그러나 때는 바야흐로 민주화의 열풍이 불던 1980년대 후반. 대입 수험공부 와중에도 매일 매일 민주화 시위대의 소식과 이를 무마하기 위한 정치권의 동향을 신문을 통해 접했던 나는 정치와 사회 현상을 탐구하는 쪽으로 이미 마음이 기울어 있었다. 정확히는 법학과에 진학하면 어떤 삶을 살게 될지 몰랐던 반면, 사회과학을 공부하면 어떤 일을 하게 될지 매일 매일 신문 지상을 통해 알고 있었기에 정보의 양이란 측면에서 이미 결정을 내리고 있었다고 하는 편이 나을 것 같다.

당시 서울의 대표적인 서점은 종로서적이었다. 종로 거리에 나온 대학생과 재수생, 취업 준비생들이 약속 장소로 삼는 곳이기도 했다. 10대 후반인 내가 종로서적에서 한완상 당시 서울대 사회학과 교수의 '민중과 사회'란 책을 접한 것도 그 때였다. 사회과학 서적 일반이 불온서적으로 여겨지던 가운데 저명한 사회학자였던 한완상 씨의 책은 단순한 논리와 자극적인 비유로 젊은이들 사이에 인기를 끌고 있었다. 지금 보면 별 것 아닌지도 모르지만, 당시가 권위주의 정권 치하였다는 점을 감안하면 시대를 잘 만난 제법 쏠쏠한 인기 서적이었다. 책의 내용 가운데는 '밤길을 가던 여자가 치한에게 겁탈을 당했다. 우리는 누구를 비난해야 하는가? 여자의 부주의함인가 아니면 폭력적인 치한인가? 당연히 폭력을 사용해 여자를 억압한 치한을 비난해야 하는 것이 아닌가? 그러나 우리는 여자 개인의 부주의함을 이유로 들며 치한과 그의 폭력이라는 구조적인 문제를 외면하는 우를

범하곤 한다. 문제는 여자 개인에게 있는 것이 아니고, 사회의 구조적인 모순에 있다'는 식의 설명이 기억난다. 멋있는 설명이고 세상을 보는 제대로 된 시각이라는 생각에 정치학이나 사회학 같은 사회과학을 공부해야겠다고 생각했다.

사회과학에 대한 나의 일방적 오해와 짝사랑은 대학교 2학년때인가, 종로서적에서 한완상 교수의 신작을 반갑게 맞이하며 서서히 식기 시작했다. 내가 고른 그의 두 번째 책은 '민중사회학'이었는데, 서문만 읽어보고 사서 집에 와 자세히 살펴보니 지난번 읽었던 '민중과 사회'와 같은 책이 아닌가. 나의 잘못도 있었지만, 서문에 그와 같은 사실을 독자가 헷갈리지 않도록 밝혀 놓지 않은 저자도 문제였다. 하지만 당시에는 문제 제기를 할 수 있는 상황도 아니었고, 그럴 방법도 없었다. 요새 같으면 저자에게 이메일이라도 보내 따져 묻겠지만, 당시에는 민주주의를 위해 헌신했던 '해직 후 복직 교수'에게 이런 사소한(?) 문제로 항의할 수 있는 상황이 아니었다. 이러한 경험들은 나중에 다른 경험들과 합쳐져 나에게 사회가 부여한 도덕적 권위에 대해 내가 아무런 자체적 판단 근거 없이 무조건적으로 추종하는 것은 그야말로 위험한 일이라는 인식을 심어주었다.

또 하나 기억에 남는 대목 가운데 하나는 당시 존경하던 한 교수님에 관한 것이다. 당시 학생들은 연초가 되면 같은 동기생들끼리 세배를 하기 위해 교수님 댁을 찾아 뵙곤 했다. 교수님들도 연초가 되면 으레 학생들이 세배를 하러 찾아와 떡국을 먹고 가거나 술 한 잔하고 갈 것으로 알고 미리 준비해 두시곤 했다. 교수님 사모님들 가운데는 학생들을 교수님보다 더 반갑게 맞아주시고, 떡과 각종 부침개 등으로 솜씨를 뽐내시는 분들이 많았다. 그런데 학생들로부터 인기가 높던 A교수님 댁을 찾아간 학생들은 연초에 걸맞지 않게 마른안주와 맥주 대접을 받고 실망을 했다. 한국인의 전통 정서상 상다리가 휘도록 음식을 차리지는 않더라도 덥힌 음식 정도는 안주로 나와야 하는데, 슈퍼마켓에서 사온 스낵 과자와 마른 오징어, 땅콩이 나왔기 때문이다.

A교수님은 사모님도 당시 유명 사립대학에 재직 중이어서 본인도 제자들을 맞이하셔야 할 형편이었기에 더욱 이해가 되지 않았다. '도대체 연초부터 부부싸움이라도 하셨나?' 하며 학생들은 교수님 부부로부터 새해 덕담을 들으면서도 연상 궁금한 표정들이었다. A교수님도

민망하셨는지 학생들에게 다음과 같이 설명하셨다. "나는 우리 집사람에게 평소 잘 하지 못하는 것은 하지 말라고 한다. 사회적으로 우리 집사람도 고급인력에 속하는데, 자신이 잘 하지 못하는 것을 하는데 시간을 쏟는 것 보다는 자신이 더 잘하는 것을 하는데 시간을 더 보내는 것이 생산적이지 않겠나. 우리 집사람은 자신의 전공 분야에 대한 것은 거침없이 잘 하지만, 집안 일은 영 솜씨가 별로야. 그래서 평소 와이셔츠 다리는 것 같은 것은 집사람이 하지 않고 세탁소에 맡기지. 와이셔츠 하나 다리는데 솜씨가 없어 한 시간은 족히 걸리거든. 오늘도 음식 준비에 나섰다면 여러분들과 이야기 나눌 수도, 여러분이 제 시각에 음식을 먹을 수도 없었을 거야. 그러니 이해들 하게." 당시 50대였던 A교수님은 한창 사회적으로 활발하게 활동을 하고 계신 분이었고, 그분의 말씀만큼이나 그 활동도 개방적이었기에 학생들은 고개를 끄덕일 수 있었다.

대학 경제학 시간에도 이와 비슷한 내용을 배웠는데, 자신이 잘 만들 수 있는 것을 생산해 교환한다면 전체적으로 후생이 최대가 될 것이라는 식의 내용은 A 교수님의 '가정 내 최적의 역할 배분' 주장과 일맥상통하는 것이었다. 나는 당시 내가 결혼을 하더라도, 부인이 될 사람이 스스로 봐서나 남이 봐서 잘 할 수 있는 것에 전념토록 해서 비효율을 극복하겠다고 결심했다.

하여튼 이렇게 대학 생활이 시작된 가운데 나는 언론에 관심을 가지게 되었다. 사회과학을 공부한 사람이 가장 활발하게 활동할 수 있는 공간으로 언론만한 곳이 없다고 생각했기 때문이다. 뜻을 세웠으면 준비를 해야 하는 법. 나의 발길은 당시 대학 중앙도서관에 자리 잡고 있던 대학신문사로 향했다. 내가 다니던 학교의 대학신문사는 꽤 오랜 전통을 자랑하는 곳이었는데, 그곳을 거쳐간 사람들 가운데 저명한 언론인도 여러 명이어서 신문사에 취직하려고 희망하는 학생들에게는 비교적 선호되는 곳이었다.

내가 장소영씨를 만난 때는 1학년 2학기가 거의 끝나갈 무렵인, 늦가을이었다. 장소영씨는 당시 인문대학 언어학과 2학년 생이었으니 나보다 한 학년 높은 상급생이었다. 게다가 이름만 언어학과를 다닌다고 해 놓고 실제로는 대학신문사에 진을 치고 앉아서 시국 토론과 문학작품 읽기에 푹 빠져있는 그야말로 '내일을 알 수 없는' 젊은이였다. 장석주와 송기원, 서영채 같은 시인의 이름도 나는 그 때 알았다. 감정을 담은 짧은 글이 대량으로 인쇄되어 돈과 교환될 수 있다는 것도 신기했지만, 그런 사람들과 같이 호흡하는 사람이 가까이 있다는 것도 처음 겪는 경험이었다.

하긴 대학신문사에서 문화부장을 맡고 있었던 집사람은 당시 주간으로 발행되던 신문에 문학평도 쓰고, 시인이나 문학평론가라고 하는 몸이 좀 아픈 것처럼 힘없어 보이는 사람들과 좌담도 하며 신이 나 있었다. 술도 잘 마시고, 노래도 신나고 구슬프게 부르는 그녀를 보며 나는 이제껏 내가 상상하지 못했던 인간의 매력적인 모습을 보았던 것 같다. 나는 장소영씨를 처음 만난 뒤 얼마 되지 않아 아무에게도 말하지는 않았지만 사귀기로 결심했다. 장소영씨가 당시 쓴 글들을 읽어보면 신경이 하나하나 살아 너무 민감해 바람이라도 불면 곧 쓰러질 것 같은 감성을 느낄 수 있었다. 그러나 내가 그를 사귀기로 한 것은 확실히 현실적인 고민과 감각이 동원되어 내려진 결정은 아니었다.

우리가 일상에서 말하는 현실이란 언어화되는 순간 과거가 되고 만다. 그런 의미에서 활어活魚와도 같다. '활동하는 물고기'라는 뜻이지만, 우리가 활어를 지목하며 값이 얼마냐고 물어볼 때쯤에는 이미 '잡혀 활동할 수 없는 물고기' 상태인 경우처럼 말이다. 그 애를 얼마나 잘 알기에 사귀기로 결정했느냐며 물으시던 어머니께 나는 별로 제대로 된 답변을 하지 못했다. 하지만 이제 확실히 알 수 있는 것은 당시 내렸던 결정은 현실이라고 이름 붙어있는 과거를 보고 내린 결정이 아닌, 전적으로 한번도 경험해 보지 못했고, 도전해 보지 못했던 미래를 보고 내린 결정이었다. 그랬기에 그녀의 가족사항이 어떤지, 경제적 능력은 어떤지, 장래 희망은 무엇인지, 심지어 지금 사귀고 있는 사람이 있는지, 결혼을 할 생각은 있는지조차도 물어보지 않고 나 혼자 결정 내렸다. 단지 한 가지. '결혼하면 말이 잘 통해, 평생 심심하지 않을 것 같다는 생각'만은 확실해 보였다.

장소영씨와의 만남이 계속될수록 내가 새롭게 알아가는 것이 많아졌다. 우선 내가 대학신문사에서 보고 느꼈던 것과는 많이 다르게 내성적이고, 소심하다는 것이었다. 대체적으로 사람의 성격이란 외부에서 피상적으로 볼 때는 알 수 없는 경우가 많은데 이 경우가 거기에 해당되었다. 남편이 되어 아내의 일을 도와줄 때 가장 먼저 신경 써야 하는 부분도 사실 이 성격 분야다. 내가 낳은 자식도 내 마음대로 되지 않는 상황에서 배우자의 성격을 처음 선택할 때 꼼꼼히 살펴보지 않았다면 그것은 전적으로 오판을 초래한 스스로에게 그 책임을 물어야 한다. 하지만 더욱 더 중요한 것은 함께 살아가며 새로운 일에 도전하거나 도전한 일에서 성과를 내기 위해 노력하는 과정에서 성격은 결정적인 장애물로 등장할 가능성이 높으므로 처음부터 진지한 접근이 필요하다는 점이다.

예를 들어 장소영씨는 처음 보는 사람과는 이야기를 잘 나누거나 친해지는데 시간이 많이 걸리는 편이었고, 어떤 경우에는 처음 보는 사람과 한 자리에 있는 것 자체를 매우 힘들어 하는 경우가 많았다. 길가던 사람이 그런 증상을 보인다면 쉽게 '흥 사회부적응자가 될 소지가 다분하군'하고 지나가면 그만이지만, 이 경우에는 달랐다. 야채를 먹기 싫어하는 아이에게 평생 야채를 권하지 않을 생각을 한다면 모르지만 그렇지 않다면 가족 된 입장에서 취할 선택은 야채죽 밖에 없다. 당의정을 입혀 야채처럼 보이지 않게 만들거나, 아예 야채가 아니라고 거짓말을 하고 야채를 일단 접하도록 한 뒤, 그 야채의 효용이 생각보다 크다는 것을 이해시키는 수 밖에 없었다. 나는 집사람이 되기 전에 장소영씨가 모르는 사람들에게 크게 신경 쓰지 않고 살게 되기를 원했다. 이러 저러한 자리를 만들어 함께 참석해보기도 하고, 때로는 목소리를 높여 토론하며 이해되지 않는 점을 지적하기도 했다. 소심하고 편협한 마음을 원망하기도 했다. 하지만 결론적으로는 아무 소용이 없었다. 이 경우 사람은 특정 시기에 형성된 취향과 성격이 바뀌지 않는다는 결론을 내릴 수 밖에 없었다. 이렇게 결론을 내리면서 삶의 많은 부분들이 달라졌고 남과 다른 삶이 생겨났다. 남들은 다 하지만 우리는 하지 않는 일들 — 예를 들어 친구 부부들과 한자리에 모여 웃고 떠들고 밥 먹는 일 — 도 생겼고, 남들은 잘 안 하지만 우리에겐 익숙한 일 — 한자리에 앉아 오랜 기간 각자 자기일 하기 — 도 생겼다. 처음에는 힘든 일이었지만, 시간이 흐르자 둘 사이에는 별로 문제가 생기지 않았다.

다만 문제는 집사람이 사회생활을 하기 시작한 뒤 발생했다. 처음 들어간 회사에서는 매우 힘에 겨운 모양이었다. 당시에는 아직 결혼하기 이전이라 부분적으로밖에 알 수 없었지만, 회사생활이 가져오는 다양 다기한 인간관계에 대해 집사람은 이해하지 못하고 괴로워하고 분노했다. 남자들은 대개 고민이 깊더라도 어느 순간이 되면 두뇌의 특정 부위를 방출해 쓰라린 기억이나 생각을 날려버리곤 한다고 나는 생각한다. 이럴 때 흔히 사용되는 핑계가 '소주 한 잔 하며…' 뭐 이런 식이다. 인간이 생각하는 것이 남자가 다르고 여자가 다르다는 것이 아니다. 하지만 집사람의 경우에는 20대 후반부터 일상의 의미 없음에 대한 고민이 남달리 깊었던 것 같았다. 회사에서 실망하거나 질려서 돌아오는 경우가 많았고, 남들에게 쉽게 고민을 털어놓지 않는 습성 때문에 바라보는 내 입장에서는 훨씬 더 걱정이 되는 경우가 많았다.

그 당시의 경험으로 알게 된 것들은 개인의 특성을 무시한 멘토링은 부작용 내지는 반발을 낳는 경우가 많다는 것이다. 당위적으로 이러이러해야 한다는 식의 접근은 당사자의 자신감을 떨어뜨리고, 조언자의 권위마저 훼손하는 경우가 많다. 나 같은 경우에는 차라리 문제점이 많은 현실을 인정함으로써, 오히려 변화를 위한 계기가 생기는 경우였다. 평범하지 않은 성격의 소유자는 자신의 성격으로 인해 가장 많이 손해 보는 사람이 자신이라는 점을 잘 알고 있다. 따라서 필요한 것은 문제가 없다는 식의 접근이 아니라, 문제가 있으니 부작용을 최소화하자는 식의 접근이다. 새로운 공부에 도전하는 과정에서는 새로운 사람과 환경에 적응해야 하는 경우가 계속 생긴다. 환경 변화에 적응하기 어려워하는 사람에게는 이처럼 고역이 없다. 하지만 내가 지금 이 순간 무엇을 위해 이렇게 하고 있는가에 대한 자문자답을 하도록 권해 볼 필요가 있다. 이런 과정을 거쳐 자신이 처한 상황을 견디어 나갈 수 있는 힘이 붙는다. 물론 곤란한 상황이 전혀 생기지 않을 수는 없지만, 옆에서 도와줄 테니 적어도 오래 지속되지는 않을 것이라며 용기를 주는 행동은 반드시 필요하다.

2.
가족의 탄생

1996년 12월 한 성당에서 우리는 결혼했다. 당시 나는 조선일보 사회부 기자였다. 내가 대학교 2학년 시절부터 사귀기 시작했으니 7년 간의 파란만장한 연애 끝에 거둔 결실이었다. 결혼 당시 나는 2년차 기자였는데, 집의 화장실보다는 경찰서 화장실이 편할 정도로 바깥 생활에 익숙해져 있었을 때였다. 요새도 거의 마찬가지지만 당시 신문사의 기자 훈련 프로그램은 일단 입사하면 6개월의 수습 기자 기간을 거쳐, 이 기간을 마친 사람을 대상으로 정식 기자로 발령해 주는 식이었다. 경찰서에서 기자들의 집은 기자실이었고, 특히 초년병 기자들에겐 경찰서 가운데도 주요 사건 발생빈도가 낮은 변두리 경찰서 기자실이 집이요 사무실이었다. 다른 회사 기자들 중에는 간혹 나와 비슷한 연배이지만 유능함을 발휘, 머리 허연 '경찰 형님'들의 이름을 두루 두루 읊어가며 경찰 서장실이나 형사 과장실 등에서 맹활약하는 경우도 있었지만, 나처럼 친하지 않은 사람 이름은 잘 못 외우는 부류들에겐 해보기 어려운 일이었다.

부인이 된 장소영씨는 대학을 졸업하고 다니던 제일기획에서 여전히 나만 아는 '부적응'의 상태를 유지하고 있었다. 광고를 만드는 일을 했는데, 나보다 사회생활의 경력은 3년이나 앞서 있었다.

결혼에 대해 진지하게 생각해 보지는 않았지만 그때까지 다른 사람들의 결혼생활 — 물론 가장 크게 참고한 것은 우리 부모님의 결혼생활이지만 — 을 보면 가정의 중심은 부인이라고 해도 과언이 아닐 만큼 집에서 여자의 역할은 막대했다. 남편의 입장에서 말이다. 간단히 말하면 남편이 출장을 가도 가정은 엄마이자 아내를 중심으로 별다른 동요 없이 돌아가지만, 엄마가 잠깐 아파서 병원에 입원하면 당장 가정의 대소사는 올 스톱되는 경우가 대부분이다.

내가 당시까지 꾸미려고 했던 집안의 모습도 얼추 비슷했다. 게다가 나는 보통 아침에 출근하고 저녁에 퇴근하는 일반 직장인도 아닌, 밤과 낮이 따로 없고, 새벽 근무와 심야 철야를 밥 먹듯이 하는 기자, 그것도 사회부 경찰 출입기자이니, 내 역할은 월급봉투 갖다 주는 것과 명함에 '누구의 남편'이라고 써 가지고 다니는 일(명함 대신 결혼반지를 끼는 것으로 대신했다.) 밖에는 없다고 생각했다. 집사람도 처음에는 선뜻 동의하는 것 같았다. 1997년 외환위기의 암운이 드리우던 가운데 유유히 직장을 그만둔 것만 봐도 그랬다.

부인의 사표가 당장 나한테는 그다지 큰 문제로 다가오지 않았다. 서른 살이 다 되어 배울 만큼 배운 사람이 자신의 앞날을 자주적으로 결정하는 것은 이상한 일이 아니었다. 게다가 나는 바쁘지 않은가? 아침에 나가면 당일 내로 귀가한다는 보장이 없던 시기였다.

하루는 장모님이 집에 오셨다는 연락을 받았다. 오랜만에 오셨으니 주무시기 전에 귀가해 사위 얼굴이나 보게 해드렸으면 좋겠다는 '협조요청 전화' 였다. 노력했으나 그날도 어김없이 귀가는 새벽 1시쯤에나 이루어졌다. 술도 한잔 걸친 상태로 들어가 잠자리에 누워 곯아 떨어졌는데, 새벽 4시쯤 집사람이 흔들어 깨우는 통에 일어났다. 회사라며 전화가 왔다고 하는데 잔뜩 부어있었다. 늦은 귀가에 화가 난 집사람은 기자들이 술 더 먹자고 불러내는 전화로 알았던 것이다. 집사람이 장모님 깨실까 봐 바꿔준 전화가 아니었다면 나는 태평양 괌 섬에서 추락한 대한항공의 소식을 듣지 못하고, 신문사 비상 소집에도 응하지 못할 뻔 했다. 내가 계속 바쁘고, 집사람이 집안일을 하면서 집사람의 잔소리와 간섭은 심해지기 시작했다.

당시는 신문을 일주일 내내 찍어내던 시절이었다. 외환위기로 인한 경기침체가 본격화되며 신문이 쉬는 날이 생겨 조금씩 늘어나기 시작했지만, 그 이전까지 우리나라 신문은 무한경쟁의 구도 속에서 노는 날이라곤 신정과 추석 연휴, 그리고 신문의 날 정도였다. 신문이 쉬지 않으려면 신문 광고가 이어져야 한다. 당시까지만 해도 주요 신문들은 다소간 차이는 있었지만 광고물량 소화를 위해 지면을 늘리는 증면 경쟁 속에 있었다.

어쨌든 사회부 기자는 일주일 내내 출근하고 2주일에 한번씩 쉬는 시스템이 일반적이었다. 2주일에 한 번씩이라지만 언제 올지도 모르는 휴일보다는 차라리 야근을 하고 다음날 오후까지 출근하는 편이 훨씬 더 기다려지는 형편이었다. 근로조건으로 따지면 기자는 형편없는 일자리였다. 일주일 단위의 생체리듬이 어느 날 깨지고 나면, 오늘이 무슨 요일인지 모른 채 그냥 살아가는 정신 없는 삶이 이어진다. 오후 마감시간에 맞춰 정신 없이 기사를 쓰다가 확인할 것이 있어 경찰서나 구청에 전화를 걸면 전화를 받지 않는다. 몇 번 전화번호를 바꿔가며 걸다 그래도 받지 않으면 화가 잔뜩 나서 씩씩거리며 담당자를 찾아간다. 가보면 이미 사무실은 텅 비어 있다. 그제서야 달력을 보면 토요일이다. 뭐 이런 식이다.

가정 생활이 제대로 될 수가 없다. 평일은 늦고, 하루 쉬는 날은 모자란 잠을 자는 날이니 베개만 껴안고 있다가 지나가는 경우가 태반이었다.

주변 친구 부인들 이야기를 들어보면 가정주부들이 갖는 즐거움 가운데 남편이 벌어다 주는 월급봉투 챙기는 재미라는 것이 있다고 한다. 약간 통달한 부인들의 이야기인데, 어차피 남편은 일에 정신이 팔려 당분간 가정으로 정신이 돌아오지 못할 것 같고, 그렇다면 차라리 남편이 벌어주는 월급 가지고 생활이나 재미있게 하자는 생각이 든다는 것이다. 하지만 전제는 있다. 그것은 월급봉투가 어느 정도는 되어야 한다는 점이다.

초년병 기자 월급은 월급 받는 재미를 보기에도 모자랐다. 남편이 저녁마다 술 먹고 택시 타고 귀가하는 집안의 경제사정이 나아지기가 어디 쉽겠는가? 부인의 얼굴이 나날이 어두워졌다. 머리카락도 빠지는 것 같았다. 내가 늦게 귀가해보면 혼자서 맥주를 홀짝거리고 있기도 했다. 쉬는 날 놀러도 가 보자고 달래보았지만 서로 지키기 어려운 약속이라는 점을 잘 알기에 별 소용이 없었다. 내 입장에서는 사면초가였다.

더욱 더 좋지 않았던 것은 거의 매일 지키지 못하는 약속이 반복된다는 점이었다. 집사람이 전화로 오늘 저녁에는 몇 시에 들어오냐고 물으면, 나는 저녁만 먹고 회사에 들렀다가 10시쯤 귀가하겠다고 한다.(조간신문 기자들은 낮 시간을 보통 취재원을 만나거나 출입처에서 취재를 하며 보내고, 신문사에 기사를 송고한 뒤, 오후 시간에 회사로 귀가하는 라이프 싸이클을 갖는다. 일반 회사원이 퇴근하는 시간에 기자들은 자신들의 회사로 출근하는 셈이다.) 그러나 회사에 들러 밀린 회의다, 부장의 잔소리를 듣고, 낮에 만나지 못한 신문사 동료들과의 수다와 정보 교환에, 간혹 한 잔 하자는 취재원의 제의까지 받다 보면, 집에 귀가하기로 약속한 10시를 훌쩍 넘긴 시각에 새로운 술집에서 넥타이를 풀어 헤친 채 '달리고 있는' 나를 발견하곤 했다. 결국 참다 못한 집사람은 휴대전화로 화난 목소리의 전화를 걸어 오고, 나는 '금방 갈께'라며 신뢰를 상실한 이야기를 변명처럼 하며 새벽을 맞이하는 일을 반복했다.

무절제로 자신의 말을 지킬 수 없는 경우, 건강과 운세가 망가지고 생활이 유지되기 어려워진다. 나의 선택으로 일군 가정과 직장 모두가 위기에 처할 국면에 달한 것이었다. 뭔가 돌파구가 필요했다. 매일 남편을 원망하며 '속아 결혼했다'며 질질 짜는 집사람을 위해서나, 소위 말하는 '음주를 곁들인 야간취재'에 재미 붙여 이혼 당할 위기에 처한 나를 위해서나 특단의 대책이 필요했다.

3.

특단의 조치

돌이켜보면 1997~1998년은 우리나라에 있어서나 조희천-장소영이 이룬 한 가정에 있어서나 위기 국면이었다. 규모나 역할에서 물론 비교할 수는 없지만, 그래도 큰 그림만 가지고 본다면 국가경제나 가정경제는 비슷한 측면을 함께 가지고 있다. 당시 한국 경제가 그랬던 것처럼 내가 꾸민 가정에서도 악성 채무(매달 월급에 비해 과도한 카드 사용대금 청구서)와 성장동력 저하(매달 뻔한 신문기자 월급 이외에는 신규 수입원이 없었고 오히려 부인의 소득은 0이었다는 점), 정치불안(집사람의 공격이 계속되고 있었으며, 남편의 권위와 신뢰도 바닥에 떨어져 가정 발전을 위한 효율적인 합의 도출 및 자발적인 희생 요구가 불가능한 상태)이 심각한 상태였다. 새로운 성장을 위한 연구 개발을 위한 투자(R&D투자)는 엄두도 내지 못하는 상황이었다. 가정에서 말하는 연구 개발이란 자기 계발을 위한 서적, 음반 구입, 학원 수강이 대표적이다. 잘 생긴 외모를 활용해 영업이나 회사생활에서 우위를 차지하기 원한다면 새로운 의상 구입이나 화장품, 하다못해 두피관리 비용도 연구 개발비라고 해야 할 것이다. 연구 개발이 이뤄지지 않으면 혁신도 창의도 살릴 수 없다. 혁신과 창의가 살아있지 않으면 주어진 환경과 조건을 넘어서는 도약은 불가능하다. 조셉 슘페터까지 올라가지 않더라도 혁신이 빠진 경제성장은 그 한계와 폭이 크게 제한된다.

이 점은 비단 나만 생각해봐야 할 문제가 아니다. 이 책을 읽는 독자 여러분도 스스로의 상황을 생각해 보면 알 수 있을 것이다. 한 국가가 경제성장을 위해 필요로 하는 것은 무엇인가? 우선 자본이 있다. 가정의 경우, 자본은 부동산(자가의 경우 주택가격, 전세의 경우 전세 보증금), 동산(은행 예금, 자동차, 대출 가능액) 등일 것이다. 또 다음으로 노동이다. 가정의 경우, 노동은 농경시대가 아닌 지금에야 개인별 능력을 의미한다고 봐야 할 것이다. 물론 아직도 온 가족이 농업이나 어업, 임업에 종사하는 경우, 부부나 부자가 논, 밭, 산이나 바다로 나가 하루 종일 함께 일하는 경우를 볼 수 있다. 이 경우에는 나이나 건강 상태, 성별, 작업숙련도 등을 감안해 계산한 육체적 노동력이 대상이다. 한창 때인 성인 남자의 노동력을 1로 볼 경우, 여자는 0.9, 숙련도가 떨어지는 청년이나 힘이 부치는 노인은 0.6. 뭐 이런 식으로 계산하는 것이다.

그러나 후기산업사회라고 불리는 현재, 도시에 사는 사람들의 노동력을 이런 식으로 계산할 수는 없는 노릇이다. 우리 가족만 보더라도 아직 태어나기 이전이었던 아이를 제외하면 가족 구성원인 나와 집사람이 개별적으로 가진 능력, 주로 교육을 통해 얻은 능력을 가지고 평가할 수 밖에 없는 상황이었다.

또 한 가지 감안해야 할 점은 시간이라는 요소다. 자본과 노동이 많은 경우 일정한 수준의 성장에 이르기까지 걸리는 시간이 그렇지 못한 경우보다 짧을 것이라는 점은 누구라도 생각할 수 있다. 신문지상을 오르내리는 일확천금이라는 말이 있다. 내 생각에는 경제성장에 대한 전통적인 시각이 담긴 단어다. 천금千金은 앞서 이야기한대로 노동과 자본의 곱으로 얻어지고, 일확一攫은

단번에 잡는다는 의미로 시간적 개념을 내포하고 있다. 천년千年에 걸쳐 야금야금 벌어 천금이 되었다고 치자. 요새처럼 미국에서 양적 완화다 뭐다 해서 달러를 찍어 경기를 부양하는 상황이라면 천년 뒤의 천금은 지금 일금一金만큼도 되지 않을 수 있다. 돈은 자본과 노동을 곱해서 단기간에 벌어야 실질적인 도움이 된다는 뜻이라고 풀이하고 싶다.

여기까지 생각해보면 내가 할 수 있는 특단의 조치는 내가 직업을 바꾸거나 아니면 집사람이 다시 직장을 다니거나 하는 것이었다. 시간을 단축할 수 있는 조치는 도둑질을 하거나 복권에 당첨되는 것 밖에 없으므로 불가능했다. 하지만 여기에 숨어있는 1인치가 있었다. 바로 혁신이 그것이었다. 김치 맛을 좌우하는 것을 배추와 양념(고춧가루, 멸치젓갈), 그리고 숙성시간이라고 본 것이 전통적인 시각이라면, 버무리는 사람의 재주까지 감안해 같은 재료를 가지고도 전혀 다른 김치가 나올 수 있다고 주장한 것이 혁신을 감안한 경제 성장이론이었다.

같은 양의 노동과 자본, 그리고 시간이 투입되더라도 경제성장의 성과가 다른 것은 그 때문이다. 뭐든지 할 수 있을 것 같은 자신감과 젊은 패기, 그리고 한 번 일어서야겠다는 의지 등은 마치 우리나라의 60년대를 닮은 상황이었다. 그러나 당장 어떻게 해야 될지 막막했고, 뭔가를 시작하기 위한 자본은 형편없이 부족했다. 수입은 매달 내가 벌어오는 월급뿐이었고, 19평짜리 아파트는 내 이름으로 되어 있었지만 부채도 있었다. 게다가 결정적으로 우리는 앞으로 출산을 앞두고 있었다. 물론 아직 임신한 것은 아니었지만 조만간 2세가 태어날 예정이었다.

21세기를 눈 앞에 앞두고 맬서스의 인구론적 상황을 걱정해야 할 지경에 이르렀다. 지도자가 경제를 모르고 경제 성장의 비밀을 모르면, 국가 공동체는 굶는 것을 걱정해야 한다. 우리 집이 딱 그런 형편이었다. 성장의 비밀을 풀어, 30대와 40대를 준비하지 않으면 내란에 준하는 폭동사태와 정권 붕괴가 임박한 시점이었다. 우리 집에 유일하게 남는 자원인 인력을 놀리고는 지속적인 경제 성장이 불가능하다는 결론을 내렸다.

어느 일요일 아침, 좀 늦게 출근해도 되는 날이라 집사람 기분을 봐가며 점잖게 이야기를 꺼냈다. 내 말의 요지는 공부를 하면 어떻겠느냐는 것이었다. 공부를 통해 훌륭한 사람이 되어 집안 경제도 돕고, 무엇보다도 나의 귀가에만 목을 매고 앉아서는 서로 소모적인 신경전만 벌이게 되므로, 공부라는 일 아닌 일이 생기면 시간이 훨씬 더 보람차게 흘러갈 것이 아닌가 하는 것이었다. 문제는 어떤 공부를 할 것이냐 하는 것이었다. 당시 사회부 기자로 대학을 취재하는 일을 하고 있던 나는 대학원 공부의 허상을 잘 알고 있었다. 특히 당시 국내 대학의 대학원이라는 것은 요즘처럼 'BK 21'사업도 없었기에 박사 학위를 받아도 시간제 일용 노동자(시간강사) 아니면 실업자 되기 딱 좋도록 운영되고 있었다.

사실 내가 집사람에게 공부를 제안했을 때 처음부터 마음 속에 두고 있던 것이 있었다. 그것은 바로 공인중개사였다. 정부가 부동산 거래질서 회복을 위해 과거부터 내려오던 복덕방을 공인중개소로 바꾸면서 복덕방 사장님들을 공인중개사로 전환시키겠다는 정책을 시행하고 있던 때였기에, 공인중개사 준비를 하는 사람들을 심심찮게 볼 수 있는 상황이었다.

자기가 사는 지역에 눌러 앉아 거래에 따른 수수료도 받고, 부동산은 평소 집사람이 관심이 많았던 분야였기에 별 다른 저항도 없어 보였다. 뭐든지 좋아하는 것을 해야 성과가 있는 법. 아이를 낳기 전에 큰 집으로 옮겨

가고 싶어했던 집사람 입장에서 공인중개사는 경제적 보상과 흥미 양자를 모두 충족시킬 수 있는 대책이 될 수 있어 보였다. 나는 집사람에게 허례허식적 공부의 폐단과 실용적 공부의 중요성을 설명했다. 특히 조선시대 서원철폐가 시행될 만큼 오늘날 대학에 해당하는 당시 서원들의 폐해가 심각했던 반면, 실학자들의 실사구시 학문 풍토는 민중의 생활을 향상시키고, 이후 국가 발전에 이바지했음을 설명하며, 우리라도 허식적 학문 풍토에서 벗어나 실생활을 중시하는 공부로 방향을 전환해야 함을 역설했다. 나의 역설 때문인지, 평소 집사람의 관심 때문이었는지, 아니면 한심한 기자 나부랭이를 믿고는 입에 풀칠도 못할 지 모른다는 생각해서인지 집사람은 흔쾌히 수락했다.

쇠뿔도 단김에 빼라고 나는 집사람과 함께 서울 노량진 학원촌으로 갔다. 과연 공인중개사 시험응시자들은 무슨 과목으로 언제 시험을 보는지, 그 시험을 준비하는 학생들은 어떤 책을 사서 보는지 궁금했기 때문이다. 시작이 반이라고 일단 한 과목이라도 준비를 시작한다면 시험 준비는 서서히 궤도에 오를 것이라고 봤다. 공부가 시작되면 집사람도 정서적으로 안정을 되찾을 것이고,

나도 공인중개사와 함께 다소나마 경제적으로나 가정적으로 나아진 환경에서 언론의 정도를 걸을 수 있지 않을까 하는 희망에 부풀었다.

노량진 학원가는 1980년 전두환 정권 시절 국가보위비상대책위원회가 '모든 학원은 4대문 밖으로 이전하라'는 결정을 내림에 따라, 시내의 각종 대학입시 및 자격증 취득 학원들이 집단 이전해 오면서, 전성기를 맞기 시작했다. 노량진에는 서울의 관문인 노들 나루와 1899년 9월 18일 우리나라 최초의 철도인 경인선 개통과 함께 영업을 개시한 노량진 역이 있다. 요새는 100여 개의 학원이 이 지역 일대에 산재해 있으며 하루 5만여 명의 학생들이 오가는 것으로 알려져 있다. 노량진에는 대학입시 재수와 반수(기존 입학한 학교에 한 학기 다니고 휴학한 뒤, 다시 입시를 준비하는 것) 외에도 경찰, 공무원, 공인중개사, 행시, 사시 등 각종 시험대비 학원과 관련 서비스업이 활발하다. 나도 나중에 알게 되었지만 입시생 한 명에게 필요한 것은 책과 강의뿐만이 아니다. 건강 유지와 관리, 식사, 각종 소모품 등 하나의 산업이라고 해도 과언이 아니다. 나는 집사람과 함께 씩씩하게 노량진의 한 서점으로 들어갔다.

시험 준비를 가이드 하는 서적과 유인물을 살펴보며 필요한 책들이 어느 정도인지 대강 감을 잡기 시작했다. 재산상 법적 효력을 갖는 거래를 담당하는 공인중개사의 특성상 시험 과목에 법률 과목이 많았는데, 그 가운데는 민법 총칙도 있었다.

대학 시절, 내가 공부하지는 않았어도 법문사와 박영사의 법학 교과서와 참고서를 들고 다니는 고시생 친구들을 많이 보았고, 그 가운데 흔했던 것이 민법 총칙 교과서였기에 낯익은 편이었다. 하지만 낯이 익다고 해서 편한 상대는 아니다. 집사람도 다소간 부담이 되었던 모양이다. '여보, 나는 학교 다니면서 법학 쪽은 부근도 가보지 않았는데 어떻게 하지?' 이럴 땐 안심시켜 주는 것이 남편의 역할이다. '여보 걱정 마시오. 학교에서 가르치던 것은 사법시험이나 행정고시 대비용이니 공인중개사 시험 준비와는 관련이 없을 것이요. 시험 문제를 같은 민법 총칙에서 내더라도 공인중개사 시험은 훨씬 쉬울 것이요.' 자신 없는 이야기를 할 때는 권위자의 의견을 붙여야 청중의 공감을 살 수 있다. 나는 책을 판매하던 서점 아저씨에게 내 이야기의 인적 보증을 요구하듯 쳐다보았다.

그러나 여기에서 일이 달라지기 시작했다. 지금 이름도 기억하지 못하는 그 아저씨의 한 마디는 나와 우리 집사람의 계획을 송두리째 바꿔 놓았다. '손님, 이번 공인중개사 시험은 그 동안 영업하던 부동산 업주들의 자격증을 전환하는 시험이기에 자격을 갖춘 사람을 뽑는 시험이 아니고, 자격을 갖춘 사람 가운데 적정 인원을 넘어서는 사람들을 떨어뜨리는 시험입니다. 공인중개사 시험을 한 번 봤던 학생들은 공인중개사 시험 민법 총칙이 사법시험 민법 총칙보다 훨씬 더 어려우면 어려웠지 쉽지 않았다고 해요.' 이 말을 듣고 나와 내 집사람은 일단 조용히 서점을 빠져 나왔다. 특단의 조치에 앞서 예상치 못한 암초에 부딪힌 셈이다.

4.
썩어도 준치

집으로 돌아온 우리 부부는 다시 고민에 빠졌다. 쉽사리 진행할 수 있을 줄 알았던 공인중개사 시험에 의외의 복병이 나타난 것이었다. 세상을 살다 보면 '분위기'란 단어의 중요성을 절감하게 된다. 맹자를 제대로 교육시키기 위해 후세로부터 '치맛바람'이니 '억척'이니 하는 소리를 들을 각오를 하고(?) 세 번이나 수고롭게 이사를 감행했다는 맹모삼천지교孟母三遷之敎도 결국 분위기를 찾아 떠난 것 아닌가? 의사가 많은 집안에서 자라난 아이들의 의대 진학률이 높고, 회사원이 많은 집안에서 커온 아이들이 나중에 자영업자가 되는 비율이 낮은 것은 다 집안 분위기 때문이다. 미국의 부통령으로 퇴임 이후에는 지구 온난화의 위험성을 주창해 다시 정치 지도자로 각광받음으로써, 저질 공방에 익숙한 우리들에게 정치 프로퍼겐다의 새로운 장을 선 보였던 앨 고어도 어릴 적에는 상원의원이었던 아버지를 따라 의사당 복도에서 놀았다니 분위기 상으로는 그가 대통령을 노리는 것도 이상할 것이 없는 일이다.

우리 집사람은 한 번도 고시공부나 그와 비슷한 것을 해 본적이 없었다. 이것은 법대를 다니다 학생 운동으로 제적을 당했거나, 법학에 관심이 없어 아예 법서는 들춰보지도 않은 것과도 또 다른 문제였다. 법학 공부를 했건 안 했건, 그 비슷한 분위기에서 놀았던 것과 아닌 것은 하늘과 땅 차이가 나기 때문이다. 무슨 공부든 그 분야를 관통하는 생각의 체계라는 것이 있다. 어떤 분야든 구체적인 지식의 암기보다 우선시 되어야 할 것이 바로 이 생각의 체계, 즉 논리 구조를 형성하는 것이다. 어떤 문제를 법률적으로 또는 경제학적으로 아니면 정치적으로 생각한다는 것은 모두 이런 생각의 고유한 체계 속에 문제를 집어넣고, 우리가 세탁기를 돌리듯 세탁, 헹굼, 탈수, 건조의 단계를 거쳐 답을 구한다는 것을 의미한다. 법률가처럼 생각하는 방법을 먼저 알아야 법학 공부를 하더라도 성과가 생긴다.

우리가 사회생활을 하며 공대를 나온 사람들과 이야기를 하다 보면 자꾸 숫자나 증명으로 화제가 옮겨가는데, 이것은 공대 사람들의 마인드 때문이다. 우리 일가 중에 수학과를 졸업한 재원才媛이 시집을 왔는데, 정말로 5명의 저녁식사를 위해 5.5인분의 쌀을 그램 단위로 달아 씻은 뒤, 밥을 짓기 위해 솥에 앉히는 것을 봤다. 0.5인분을 더 넣은 것은 더 먹겠다는 사람이 나올 경우의 오차를 대비한 것이었다. 수학과 출신다운 계량적 마인드다.

어쨌든 제대로 된 민법 총칙 문제가 출제되는 공인중개사 시험을 통과하기 위해서는 '리걸 마인드'Legal mind를 갖춰야 했다. 문제는 우리 집사람은 리걸 마인드를 배운 적도 없고, 배울 기회도 없었다는 점이다. 이제 문제는 보다 구체화되기 시작했다. 문제를 해결하기 위해서는 우선 문제를 어떻게 규정하느냐 하는 단계를 거쳐야 한다. 문제의 규정Problem definition이 어떻게 되느냐에 따라 대책 또한 달라진다. 만약 내가 당시 문제를 '공인중개사 시험에 합격할 가능성이 얼마나 되는가를 예측하는 것'이라고 했다면 어찌 되었을까? 우리 집사람을 대상으로 놓고 본다면 아마 공인중개사 시험에 응시한 많은 기존 복덕방 업자들과의 경쟁에서 우위를 가질 수 없고, 법학 공부도 해 본 경험이 없기에 대학 졸업자라는 이점도 누릴 수 없고, 공부를 새로 시작한 신참으로 실력이 뛰어난 것도 아니므로 합격 가능성이 낮다고 봤을 것이다.

하지만 나는 문제를 다르게 생각했다. '어떻게 하면 리걸 마인드를 키워, 공부한 것에 비해 효율적으로 성적을 올릴 수 있을 것인가?'라고 생각한 것이다. 전문 교육을 실시하는 대학 법학과에서 최소 4년, 어떤 사람들은 대학원까지 6년 이상을 공부해 얻는 리걸 마인드를 단시간 내에 배울 수 있는 방법은 무엇일까?

나와 집사람이 답을 구하는데 오랜 시간은 걸리지 않았다. 우리는 리걸 마인드는 가지고 있지 않았지만, 신림동 고시촌이 있는 녹두거리에서 오랜 기간 소주를 마시고 연애를 했기에 고시촌 마인드에는 익숙한 편이었다. 모르는 동네가 아니었단 말이다. 결국 답은 사법고시 준비를 하는 학생들이 많은 신림동 고시촌에 가서 법철학과 민법 총칙 등 리걸 마인드를 함양하는 과목들을 비디오 강의와 특강 등을 통해 배우자는 것이었다. 공인중개사만 잡겠다고 좁게 구멍을 파기 시작하면 힘만 쓰고 끝날 가능성이 크지만, 리걸 마인드를 키운다는 생각에 구멍을 넓게 파면 어느덧 깊게 팔 수 있어 공인중개사쯤은 쉽게 잡을 수 있을 것 아닌가 하는 생각이 그것이었다. 신림동 고시촌에 가서 공인중개사 준비를 한다면 주위 사람들의 웃음을 사기 쉬울 것 같았다. 일단은 사법시험을 본다고 양가 및 친구들에게 말하기로 했다.

어차피 신림동에서 공부하는 것이고, 처음에는 사시 과목과 별로 다를 바 없는 공인중개사 시험 과목을 공부할 것이고, 더구나 실패에 대비해서는 공인중개사보다 사법시험 준비생이라고 자신을 설명하는 편이 나아 보였다. 일단 법률 과목 쪽은 신림동 고시촌에서 연마하고, 공인중개사에 필요한 고유 과목은 나중에 노량진 학원가로 진출하기로 대체적인 작전을 세웠다. 마침 우리가 살던 집이 서울 사당동이었으므로 신림동 고시촌을 다니기도 비교적 편했다. 남편 입장에서 노량진보다 신림동이 부녀자가 다니기에는 좀 더 안전하지 않을까 하는 근거 없는 기대도 부인의 신림동행을 촉진했다. 서로 이야기를 나누다 신이 난 우리들은 일단 고시촌에서 공부하다 적성에 맞으면 사법시험에 눌러 앉아도 되지 않겠냐고 서로 농담했다.

그러나 집사람은 이때 이미 '되던 안되던 자존심 때문에 사법시험을 봐야겠다'고 생각했다고 나중에 나에게 말해 주었다. 나도 실은 속으로 그렇게 되기를 바랬지만, 가야 할 길이 너무 멀어 보여 차마 그렇게까지 이야기는 하지 못했다. 우리는 당시 사법시험의 구체적인 준비 과정이 어떻게 되는지도 파악하지 못하고 있었다. 단지 고시생들이 많이 보던 잡지 몇 권과 신림동 고시학원 팸플릿이 전부였다. 어쨌든 우리는 기나긴 여정의 출발을 결정했다. 나는 집사람에게 '이제부터는 당신도 공부를 시작했으니, 내가 오히려 늦게 귀가하는 편이 당신을 도와주는 것이 아니겠느냐'고 넌지시 이야기했다. 그러나 그것이 오산이었음을 알게 되는데 까지는 오래 걸리지 않았다.

Part 2

시험공부를 위한 준비

공부. 어렸을 때는 공부하느라 고생하고, 어른이 되어서는 자식들 공부시키느라 허리가 휘고, 노인이 되어서는 젊었을 때 좀 더 공부하지 않았던 것을 후회하고… 우리는 평생 공부와 관계를 맺으며 살고 있다. 공부를 한자로 풀어보면 공工은 장인을 의미하고, 부夫는 사내를 의미한다.

일본에서는 토목이나 철도, 전기 등에 종사하는 노동자나 일꾼이라는 뜻으로 사용하는데 어쩌면 이 쪽이 원래 단어 자체의 의미에는 충실할지도 모르겠다. 중국에서는 원래 시간과 노력이 드는 일을 공부라고 불렀는데,

공부가 오늘처럼 배우고 익히는 것을 지칭하는 말로 사용된 것은 송나라 시대에 들어서였다. 주자학과 양명학에서 완전한 인격에 다다르기 위해 필요한 실천, 수행, 학습, 노력을 아우르는 단어로 공부를 사용했고 우리나라에서 특히 이 단어를 선호했다. 지금도 일본에서는 공부라는 단어 대신 같은 뜻을 '면강勉强'이라고 쓰고 '벤쿄' 라고 읽는다. 선불교에서는 좌선에 전념한다는 의미로도 사용된다고 한다. 일본에서 나온 한 세계대백과사전을 보니 벤쿄에 대해 '현대 조선어(한국어)로는 공부라고 한다'는 식의 설명을 하고 있다. 주자학에서 주희朱熹가 제자들에게 가르친 공부법은 단어 하나 하나의 뜻을 새기고 외워서 실무에 활용하는 것으로, 단계적이고도 치밀하고 치열해 마치 수도승이 수도하는 자세를 보는 것 같았다고 한다.

공부의 성과는 달콤하지만, 그 열매를 맛보기 위해서는 수도하는 자세가 필요하다. 도를 닦겠다는 사람이 이어폰으로는 노래를 들으며 한 손에는 커피, 다른 손엔 아이패드를 들고 수련할 수 없듯, 시험을 준비하는 수험공부에는 엄격한 준비가 요구된다. 공부에 엔지니어링적인 의미(일꾼)가 담겨 있는 것도 공부 과정 자체가 치밀

한 설계와 부품, 자재의 조달, 그리고 정교한 시공의 과정을 거치기 때문은 아닐까? 어쨌든 나는 졸지에 수험생 부인을 둔 남편이 되었다. 그리하여 때로는 합격이라는 결승점을 향해 외로이 달리는 마라토너의 코치가 되고, 때로는 심리 상담사와 멘토링 코치가 되어 그녀와 함께 42.195km를 가야 할 운명에 처해 졌다. 수험생활의 성공을 위해 나는 나와 우리 식구(그래 봐야 두 명뿐이지만)를 둘러싼 일상을 확 뜯어고치기로 마음먹었다. 일상은 대부분 루틴Routine한 일들로 구성되어 있다. 의도하지 않은 습관화된 행동을 의미하는 루틴은 평소에는 그 속에 푹 빠져 살고 있으므로 잘 모른다. 우리의 몸과 마음이 불편하다면 그것은 루틴의 파괴와 연결되어 있을 가능성이 높다. 일상, 고정관념, 상식을 깨뜨리는 나의 루틴 파괴기는 다음과 같았다.

1.
수험생의 식단

가족을 다른 말로 식구라고 한다. 함께 밥 먹는 사람들이란 말이다. 바쁜 현대인들에게 있어 밥상에 함께 앉아 음식을 나누며 이야기 하는 것은 매우 중요한 일이다. 이탈리아나 그리스에서는 저녁 한끼를 먹는데 2~3시간이 걸리기도 한다. 그들에게 저녁 식사란 술과 밥, 춤과 노래, 사교와 토론이 혼합된 일종의 종합예술 무대인 셈이다. 그렇게까지 살자는 것은 아니지만 결혼하기 전에는 나도 집에서 그런 저녁 식탁 모습을 만들어 보고 싶은 마음이 있었다.

마치 기차표 사 놓고 밥 먹는 사람처럼 밥상 받자마자

10분도 안되어 밥그릇을 비우는 우리 아버지 세대를 볼 때마다 안됐다는 생각과 함께 나는 저렇게 살지 않았으면 하는 생각을 했던 것도 마음의 여유를 가지고 살고 싶었기 때문이다. 하지만 아내를 공부시키려면 밥상부터 뜯어 고쳐야 한다. 여유는 시험이 끝난 다음에야 올 수 있는 것이고 일단은 부엌에서 아내를 해방시켜야, 공부에 온전한 에너지를 쏟을 수 있다. 아내가 수험생활을 시작하면 생활의 패턴을 바꿔야 한다. 이는 곧 기존에 가지고 있던 고정관념을 파괴하는 것부터 시작해야 한다.

우선 평일의 경우 나는 아예 아침만 집에서 먹기로 마음을 먹었다. 기자 생활 자체가 집에서 저녁 먹을 기회가 없지만 보통 직장인이나 남편의 경우 평일의 상당 부분 집에서 저녁 식사를 할 것이다. 이 점에서 나는 기자라는 직업의 덕을 본 셈이다. 매일 일이 늦게 끝나는 사람이 아닌 경우 집안에서 저녁 식사 하는 것을 포기하라는 것은 매우 가혹한 일일 수 있다. 하지만 아내를 밥상에 잡아놓는 순간, 목표 달성과는 그 만큼 멀어진다는 점을 명심해야 한다.

밥이라는 것도 그렇다. 반드시 쌀을 끓인 것을 의미할

필요가 없다. 고구마나 감자도 밥이고, 빵도 밥이고 삶은 만두도 밥이다. 수백 년간 지긋지긋하게 굶어, 밥 먹었냐는 말이 아예 DNA 속에 박혀 있는 우리나라 사람들의 인식 속에서 쌀을 포기하기란 정말 쉽지 않다.

'밥≠쌀'만 관철시켜도 생활 속의 혁명은 반쯤 성공한 셈이다.

아침의 경우 불가피하게 쌀로 지은 밥을 먹더라도 밥, 국, 김치 또는 기타 반찬 1~2가지로 단순화 시켜야 한다. 우리 집사람의 경우 특이하게 더운 밥을 싫어해서 아예 나도 더운 밥 먹기를 포기했더니 아침에 밥을 지어야 하는 문제는 해결되었다. 미리 밥통에 쌀을 씻어놓고 아무 때나 눌러 놓으면 됐기 때문이다. 반면 국은 매번 새로운 국이 필요했으므로 쉽지 않은 문제였다. 하지만 집사람의 주특기인 김칫국과 참치김치찌개 등을 1주일에 2~3번 먹고, 나머지는 밥죽(밥에 물을 붓고 죽처럼 끓인 것)을 먹으니 해결할 수 있었고 젓갈 등 밑반찬 몇 가지와 함께 계란을 이용한 각종 요리로 아침마다 간편하게 식사를 준비할 수 있었다. 계란은 우리의 수험생활을 버티어 준 귀중한 영양원이었다. 계란은 삶는 것 외에도 스크램블, 찜 등 다양한 요리 형태를 제공한다.

자주 술을 먹었던 탓에 아침을 먹기 거북할 때는 밥죽이 유용한 식사대용이 됐다. 밥죽의 유일한 재료인 찬밥은 밥솥에서 오래 묵었던 밥을 비닐봉지에 넣고, 냉장고 냉동실에 보관해 놓았다 사용하는 방식을 이용했다. 이런 메뉴가 너무 한심하다 싶으면 떡을 이용해 아침을 해결해 보기도 했다. 훨씬 시간적으로 간편하고 비교적 속이 든든한 점도 있으나 술 먹은 다음날은 좀 곤란한 측면도 있었다.

주말의 경우엔 좀 복잡한데, 이 경우엔 남편의 아이디어가 매우 중요하다. 주말 아침의 경우 빵과 계란, 수프(가게에서 파는 것을 사와서 끓이는데, 냄비 바닥에 수프가 눌어붙지 않도록 잘 저어주는 것이 좋다) 등으로 만든 양식 메뉴와 평일의 전통적 메뉴, 그리고 국수, 라면 등의 분식류가 총동원될 수 있다. 명심해야 할 것은 또 하나 있다. 그것은 집사람의 수험생활이 끝날 때까지 음식은 기본적으로 사먹고, 바깥에서 사 먹을 수 없는 것만을 집에서 요구하라는 것이다.

우리가 자랄 때는 집에서 해 먹을 수 없는 것을 바깥에서 사 먹었다. 이를테면 피자나 프라이드 치킨, 스파게티 같은 것은 집에서 만들어 먹기가 어려워서 사먹었지만 그런 것들을 제외한 대부분의 밥과 반찬이 되는 요리는 집에서 해 먹었다. 하지만 이젠 시대가 바뀌었다. 게다가 아내가 수험생활을 시작하니 더욱 그랬다. 슈퍼마켓만 가더라도 간장게장, 각종 김치, 마른 반찬 같은 것들이 대한민국에서 제일 가는 명인의 비법으로 만들어졌다는 광고문과 함께 넘친다. 이제 이런 것들은 아예 집에서 기대하면 안 된다. 왜냐하면 집 바깥에서도 얼마든지 사 먹을 수 있으니 말이다. 집 바깥에서 구하기 어려운 것은 집에서 해 먹으면 된다. 김치를 넣어 만든 김치죽 같은 것은 집에서 해 먹어도 될 것 같다. 파는 곳을 쉽게 찾기 어렵기 때문이다. 요새는 아침까지 바깥에서 사 먹는 가정도 늘어나고 있다. 일요일 오전 11시쯤에는 아침과 점심을 어중간하게 섞은 브런치 파는 집에 앉을 자리가 없다고 한다.

내가 삼겹살은 구워 먹고 나서 설거지 하는 수고로움까지 감안하면 사 먹는 편이 더 싸다는 주장을 처음 접한 것은 1997년 12월이었다. 제대로 된 반론을 제기하지도 못한 채, 나는 결혼 이후 이제껏 집에서 삼겹살을 구워 먹어 본 기억이 별로 없다. 공부하느라 시간이 아까운 집사람이 항상 "연기 피워서 집 안을 어지럽히고,

먹고 나서 설거지 하고, 재료 준비하는데 드는 각종 비용을 감안하면 나가서 삼겹살을 사 먹는 편이 훨씬 저렴하다"고 강력하게 주장했고, 그 신념에 따라 단호하게 행동했기 때문이다.

어릴 적에 집에서 가족이 정답게 고기를 구워 먹는 장면은 중산층의 대표 이미지 같은 것이었다. 그 이미지 속에서는 전기 프라이판도 나왔고, 소금구이라는 단어도 들을 수 있었다. 이 모든 것은 살림살이가 나아진 서울 중산층이 대를 물려가며 이어 내릴 새 풍습이 될 예정이었다. 당연히 가장이 된 나도 중산층의 상징을 포기하고 싶지 않았다. 그러나 집사람과의 대화 과정에서 나는 더 이상 고집을 부릴 수 없었다. 집에서 삼겹살 굽기에 대해 집사람은 언제 연구했는지 매우 강력한 반대 논리를 구축하고 있었다.

사실 집 안에서 고기 종류를 앉은 자리에서 즉석 구이로 먹으려면 대화는 포기해야 한다. 누군가는 열심히 구워야 하기 때문이다. 이야기를 나누며 먹고 싶다면 미리 구워 놓은 삼겹살을 먹어야만 한다. 그러니 왜 그런 일을 굳이 벌이려고 하는가? 듣고 보니 집사람의 이야기에 일리가 있었다. 삼겹살을 아주 좋아하는 것도 아니니 쉽게 동의했다. 대신 나는 맛있는 돼지고기 파는 집을 알아두는 새로운 역할을 떠 맡았다. 만약 내가 아내의 수험생활을 삼겹살과 바꿔야겠다고 마음을 먹었다면, 바꾸지도 못했겠지만 삼겹살을 먹을 때마다 집사람과의 사이가 굉장히 불편했을 것이다. 이런 마음을 눈치챘는지 수험생활을 시작한지 1~2년이 지난 뒤부턴 집사람이 먼저 집에서 고기를 사다 구워먹자고 제안했지만 그럴땐 내가 반대했다. 한번 세운 원칙이 흔들리면 지금까지 생각을 바꾸느라 애써온 보람이 없어지기 때문이다. 하지만 매번 사 먹는 것이 질릴 때면 집안에서 먹기를 원할 때도 없었던 것은 아니다. 그럴 때면 시골로 내려가 한번 제대로 된 토종 돼지고기를 장작불에 구워먹는 것을 상상하는 것으로 대체했다. 앞으로 나는 반드시 시골에 내려가 돼지고기를 장작불에 구워 먹어 볼 생각이다.

사실 수험생들은 도시락을 가지고 다니지 않는 이상 하루에 두 끼 이상을 바깥에서 해결해야 한다. 돈도 돈이지만 시험 준비를 하는 입장에서는 곤란한 점이 한 두 가지가 아니다. 바깥 음식에 과도하게 의존하면 조미료와 염분을 조절해서 먹을 수 없고, 위생상 문제가 생길 수도 있다. 과도한 외식 의존은 건강에 있어 치명적인 후유증을 남길 수 있다. 최근 들어 한국의 요식업은 조선족 아줌마 없이는 운영 자체가 불가능한 상태로 접어들고 있다. 정부의 노동인력 수급정책이 실패해 식당에서 일할 수 있는 숙련된 인력을 자영업자들이 구할 수 없는데다, 식당 운영자들도 혁신 대신 보다 낮은 가격으로 경쟁하다 보니 인건비가 저렴한 조선족 아줌마들 없이는 식당 운영자체가 불가능한 상태가 되었다. 조선족 아줌마들은 서울 시내 식당의 홀과 주방을 점령했다. 중국산 식자재로 조선족 아줌마들이 그들의 방식대로 만드는 한식을 우리는 한국 음식이라고 먹고 있는 것이다. 따라서 수험생들에게는 권하고 싶지 않은 방식이다.

그런 의미에서 노량진의 혁신적인 노점상들이 2000원대의 저렴한 컵 밥을 개발한 것에 크게 박수 보내고 싶다. 절대 이번만은 대기업 계열 편의점이 끼어들어 품질도 망치고 가격도 형편없이 떨어뜨리는 일을 벌이지 않아야 할 것이다. 대기업 계열 편의점이 김밥 생산과 판매에 뛰어들어 형편없는 하청 공급라인을 깔아 김밥의 품질을 망치고 가격마저 후려쳐 동네 김밥은 아예 이들과 경쟁하기 어렵도록 만들어 결국은 김밥을 둘러싼 비즈니스 생태계를 황폐화시켰다는 점을 우리는 잊지 말아야 한다.

하여튼 절대 잊어서는 안 될 일은 가족이 함께 식사한다는 원칙은 매우 중요하다는 점이다. 뭐가 됐든 간에 함께 나눠 먹을 준비를 하는 것은 한 가족임을 확인시키며 그 날의 중요한 문제를 의논할 수 있는 자리가 되므로 절대 없애서는 안 되는 가족사회의 종교 의식이다.

2.
수험생의 집과 가족

수험생활은 빚으로 영위해 가는 것이라고 생각하면 딱 들어맞을 것이다. 당장 벌이가 시원찮을 테니 물질적인 빚도 생기지만 더 큰 것은 주변 사람들의 손과 마음을 빌려야 한다는 점이다. 오히려 시간이 지나고 나면 그것이 더 큰 빚이 된다. 빚은 누구에게 지는가? 가장 만만한 것이 손아래 동생들이다. 처제가 없는 사람들은 처남이나 동생도 좋다. 여의치 않으면 부모나 장인, 장모 심지어 이모나 고모도 좋다. 결국 가족의 힘을 빌리라는 것이다.

아내가 공부를 시작하면 집안일이나 아내의 정신 건

강 유지를 위해 많은 사람들의 숨은 노력이 필요하다. 아내가 집안일에서 손을 놓아야만 집안일이 얼마나 많은지를 알게 된다. 결국 집안일이란 알고 보니 '아무리 해도 표시가 잘 나지 않고, 한 번만 안 하면 금방 표시가 나는 일'이었다. 만약 아이가 있을 경우에는 더욱 그렇다.

우리 집의 경우 집사람의 여동생(결국 내 처제)의 도움이 지대했다. 집사람이 시험 공부를 본격적으로 시작한 후에는 아예 같은 집에서 함께 살기도 했다. 이때 처제는 싫은 내색 없이 빨래나 청소 등 잔손이 많이 가는 집안일은 물론 거의 모든 집안일을 집사람 대신 해 주었다. 덕분에 집사람이 일을 거의 돌보지 않았는데도 집이 집꼴을 갖추고 유지될 수 있었다. 물론 집사람은 자신이 얼마나 신경을 썼는지 모를 거라고 하지만 물리적인 시간 면에서 본다면 처제 없이는 지금의 결과를 이루기 어려웠을 거라고 생각한다. 내가 보기엔 처제는 자신의 언니보다 훨씬 재능과 끼가 많고 명석함까지 두루 갖추었는데 속까지 깊다 보니 그만 형부와 언니의 수험생활에 엮여 들고 말았다. 우리 부부는 살아 가면서 두고 두고 갚아야 할 큰 빚을 진 셈이다. 가족 중 누구라도 도와주겠다고 한다면 같은 일을 할 수 있었겠지만 공부하는 본인이 부탁하기에 가장 편하고 또 언니의 어려운 사정을 가장 잘 이해해 줄 수 있는 사람은 역시 처제가 적격이라고 본다.

좀 일반화시켜 생각하면 아내가 공부에 매달리면 가정의 대소사를 챙기기 위해 누군가 있었으면 하게 되고 결국 믿을 수 있고 맘 편한 집안 내 친척의 도움이 필요하게 된다. 잠깐씩 아이들 돌봐주는 것은 물론이고 심지어 집안에 쓰이는 각종 물품 쇼핑, 사철 필요한 남편의 옷가지 구입도 부인 외 다른 사람의 손이 필요해지기 때문이다. 만약 파출부나 가정부를 이용한다고 가정해 보자. 단순한 일은 부탁할 수 있겠지만 남편의 양말이나 옷가지 마련, 아이의 건사 같은 일을 남에게 부탁하기란 쉽지 않은 일이다. 미혼인 우리 처제는 이런 일들을 가끔 짜증내긴 했지만 무던하게 이해하고 도와줬다.

아내의 수험생활에는 누군가의 도움이 필요하다는 점을 반드시 명심하라. 그 누구는 여성일 경우 훨씬 더 확실한 효과를 거둘 수 있다. 그러므로 아내를 공부시키기 전에 처제가 도와줄 수 있는지를 먼저 확인하는 것이 좋다. 내가 이렇게 이야기하면 아마 대상이 되는 처제나 친척들은 '왜 우리가 희생양이 되어야 하느냐'고 항변할지도 모른다. 그 분들의 항변은 120% 정당하다. 처음에는 인정으로 도와주다 나중에는 당연한 것처럼 되어버리면 도와주는 입장에서도 김이 새기는 마찬가지다.

요새는 국가가 영아와 유아를 대상으로 보육료를 지원하는데 집에서 키울 수 있는 아이들도 보육료 지원을 믿고 탁아시설에 맡기는 통에 정작 탁아시설이 필요한 맞벌이 부부들이 아이 맡길 데를 찾지 못해 고생하는 경우가 발생하고 있다. 실정이 이 정도니 손자, 손녀도 봐주지 않으려는 할아버지, 할머니가 많은 것은 뉴스도 되지 않는다. 보고 있으면 귀여워 자연스레 웃음이 지어지는 영아와 유아도 찬밥 신세인데 시험공부 좀 해 보겠다고 친척과 인척의 손을 빌리는 것은 거의 불가능한 이야기인지도 모른다.

나는 앞서 국가의 경제성장이론에 가정을 빗대어 혁신의 필요성을 말한 바 있다. 우리의 50년대, 60년대를 되돌아 보자. 대부분 가난한 집안에서 형제, 자매 가운데 고등교육을 받을 수 있는 사람은 몇 명 되지 않았다. 장남이 대학이라도 진학하면 여동생들은 중학교나 고등학교 졸업으로 끝나고 남동생들도 고등학교 나와 공장에 취직하거나 농사를 지어야 할 형편이었다. 학비가 부족했기 때문에 가족 단위에서 대표선수를 선발한 것이다. 같은 형제를 두고 누구 하나를 특별히 우대하기 어려웠기에 선입선출先入先出의 원리에 따라 장자에게 고등교육의 기회가 제공된 경우가 많을 뿐이었다. 물론 이 경우 장자에게는 집안을 일으켜 세워야 한다는 막중한 책임이 암묵적인 조건으로 따라 붙었다.

오늘날 21세기적 시각에서 당시 이런 구도의 집안 모습이 성공한 모델로 여겨지지 않는 것은 이후 고도성장기를 거치며 가정이 급속히 핵가족으로 해체되었고, 집안을 일으키겠다던 조건으로 고등교육의 혜택을 독점했던 장남들이 동생들에게 제대로 자신이 받은 혜택을 나눠주지도 않았기 때문이다. 무엇보다도 도시화와 산업화의 결과, 시골의 형제들은 먹고 살기 위해 못 배운 것을 한탄하며 서울로 올라와 닥치는 대로 일을 해야만 했고, 장남들은 자신들 살기에도 바빠 이런 동생들을 챙겨주거나 돌봐주지 못했다. 꽁보리밥 먹을 때의 약속대로라면 장남이 벌어온 월급은 동생들에게 일정 부분 돌아가야 하는데, 결혼해 분가한 장남은 그 돈을 가문의 농토를 사거나 패밀리 비즈니스(가족기업)를 벌이는데 쓰지 않고 대신 자신 명의의 아파트와 땅을 사고, 자식들을 교육시키는데 썼다. 명절 때 온 가족이 모여도 화목하기 어려운 이유가 여기에 있다.

이런 상황에서 처제나 친지들의 노동력을 빌어 자신의 수험생활을 지지하려면 먼저 그들과 강고한 동업자 의식을 심는 것이 중요하다. 시험 준비하는 한때 일신상의 편리를 위해 그들을 활용하는 것이 아니고, 하나의 비즈니스를 추진한다는 창업정신으로 뭉친 동지적 관계를 만들어 내는 것이 중요하다. 한때 '멀리 있는 친척도 이웃 만은 못해요'라며 이웃사촌의 중요성을 강조하는 풍조도 있었지만, 최근에는 다시 혈연에 기반한 관계를 강조하는 추세로 전환되고 있는 것 같다. 효율적인 성장을 위해서는 노동을 분업된 구조로 재구성하는 것이 필요하다. 한 명의 전투기 조종사가 안전하게 하늘을 날기 위해 많은 지상요원들이 필요하듯, 이륙에 앞서 지상요원들을 선발하고 그들과 공동 이익을 창출해 뭉치는 것은 중요하다.

지상요원이 충원되면, 비행장의 입지조건도 살펴보아야 한다. 수험생활에는 집터가 중요하다. 집은 처갓집 부근이 제일 명당이다. 공부하기에 '산 좋고 물 좋은'

곳이라면 처갓집 부근이면서 공부하러 가야 하는 곳과 가까운 곳이 아닐까? 수험생활의 숨어있는 적은 '시간'이다. 학원이나 독서실, 대학교 도서관과 가까운 곳에 살수록 남들보다 한 글자 더 볼 수 있어 유리하다. 공부하기 쉬운 곳으로 이사하라는 이야기는 듣기엔 간단한 소리처럼 들리지만 대부분의 사람들은 이를 잘 실행하지 못한다.

우리의 경우에도 고시 관련 시설이 밀집되어 있는 신림동으로 이사를 가려고 몇 년 동안 두 번 결심하고 수차례나 집을 구하러 다녔지만 결국 실패했다. 여러 가지 사정이 발목을 잡아 결국 맹자 어머니의 열의에 탄복만 하고 끝내는 수 밖에 없었다. 요즘은 운전을 할 줄 아는 주부들이 많아 꼭 집이 공부하는 곳과 가까울 필요가 없다고 말할 수도 있다. 하지만 정작 전쟁 같은 수험생활이 시작되면 이야기는 달라진다. 골목길 주차, 차량 정체 문제 등을 감안하면 학원, 독서실이 있는 지역과 집은 걸어 다닐 수 있는 거리가 최선이다. 그 다음은 버스로 서너 정류장 거리가 좋다.

아무리 머리 좋은 사람도 책 한 번 더 읽은 사람을 따라잡지 못한다는 고시계의 정설이 있다. 같은 시간을 공부하며 한 줄이라도 더 읽어보려면 이동시간을 줄이는 수 밖에 없다는 것은 진리에 가까운 주장이다. 이를 실현하기 위해 공부하기 쉬운 지역으로 이사하는데 가장 문제가 되는 것은 남편의 출퇴근 문제, 집안의 경제사정 등이 있다. 개인적인 상황에 따라 달라지겠지만 일단 남편의 출퇴근 문제는 둘째로 치더라도 집안의 경제사정 때문에 쉽게 옮기지 못하는 경우라면 공립 도서관이라도 근처에 있는 지역으로 옮기는 것이 어떨지 하는 생각이다. 집에서 잘 할 수 있다고 해도 역시 물건은 공장에서 만들어야 하고, 공부는 도서관에서 해야 한다.

요새는 육아문제 때문에 처갓집 근처에 신혼집을 마련하는 경우가 늘고 있다. 이 때문인지 딸이나 아들을 시집, 장가 보낸 할머니들 사이에서 늙어서 큰 집으로 이사 가는 할머니와 손자, 손녀 봐주는 할머니가 제일 한심한 할머니라는 우스개도 유행한 바 있다. 요샌 부모 세대가 웬만해선 손자 손녀를 잘 맡아주지 않으려고 하는 것 같다.

하지만 좀 현실적으로 이야기하자면 자식을 이길 부모는 세상에 없다. 그것도 딸이 공부 좀 해 보겠다는데 안쓰러워서라도 대부분의 부모님들은 협조를 아끼지 않으실 것이다. 공부의 매력은 이런 것이다. 돈을 벌러 나가는 경우, 우리의 인생은 대부분의 경우 예상 가능한 범주 속에 들어와 버린다. 회사원이라면 계속 다닐 경우 매달 꼬박꼬박 월급이 들어오고 보너스가 생기고 하는 그런 식인 것처럼 말이다. 하지만 공부는 다르다. 지금은 걸어가는 길이 힘들지만 일단 어떤 시험이건 우리가 목표로 할 만한 것에 합격하고 나면 뭔가 인생이 새로워지고 그 대가는 복권에 당첨된 것처럼 어마어마하게 느껴질 것으로 기대되는 것이 사실이다. 이런 이유로 부모님들은 딸의 수험생활에 쉽게 협조적이기 마련이다. 물론 딸의 능력을 신뢰하지 않는 경우는 이야기가 다르겠지만, 이 또한 합격에 따라붙는 엄청난 대가를 설명하며 이해를 구한다면 별로 어렵지 않을 것이다.

이해타산을 지나서 공부를 설득시키는 또 하나의 방법은 세대간 경험의 공유에 있다. 20세기까지만 해도 환갑 잔치와 칠순 잔치는 우리들 생활에서 매우 중요한 이정표 가운데 하나였다. 50대 후반 다니던 직장에서 명예롭게 은퇴하고 60이 되어 일가 친지가 모인 가운데 한복 입고 앉아 환갑 잔칫상을 받는 것은 전혀 이상하지도 낯설지도 않은 모습이었다. 이러던 세태에서 지금은 어떠한가. 40대가 되어도 청년처럼 '다니던 직장이 마음에 들지 않아 새로 뭔가를 준비해야겠다'며 분주하게 돌아다닌다. 50대도 은퇴는 염두에 두지 않고 앞으로 남은 30년을 어떻게 살아야 할지 궁리에 바쁘다. 그런 의미에서 우리 부모님들 세대(1930년대와 1940년대 출생들)는 현재 생존한 세대 가운데 스스로를 '노인'이라는 분류항목에 집어넣는 마지막 세대일지도 모른다. 이런 분들에게 자녀들의 공부는 신선한 충격을 지나, 세월을 붙잡는 타임머신의 스톱 기능과 같은 것이다. 자녀들이 중 · 고등학교를 다니던 시절로 되돌아 간 것 같은 느낌으로 뒷바라지를 해 주시는 분들을 볼 때마다 즐거운 일을 하는 사람은 늙지도 않는다는 생각을 하게 된다.

우리의 경우는 처갓집의 독자인 처남이 부산에서 대학을 다니고 있었으므로 장인, 장모가 당신의 아들을 돌보지 않고 결혼한 딸을 위해 거주지를 옮긴다는 것은 상상하기 어려운 일이었고 우리도 그럴 수 있다는 생각을 해보지 못했다. 그래서 집사람의 수험기간에는 처갓집 근처에서 살 수가 없었다. 그런데 집사람이 시험에 합격하던 해에 처남이 서울에 취직을 함으로써 자연스럽게 처갓집의 이전 문제가 논의되었다. 결국 두 분이 서울로 이사를 오심으로써 사법시험 준비기간과 비슷한 정도의 긴장과 집중이 요구되는 2년 간의 사법연수원 기간 내내 처갓집으로부터 많은 도움을 받았다. 여기엔 두 분의 식을 줄 모르는 애정이 큰 몫을 했지만 처음 태어난 외손자에 대한 사랑도 작용했다. 처갓집이 옆에 없었다면 집사람의 연수원 생활은 10배는 더 힘들었을 것이다. 그러니 만일 시험 공부를 하고 있을 때 처갓집이 근처에 있다면 부부만의 힘으로 그 기간을 헤쳐나가는 것과는 비교가 안 되는 큰 효과가 있을 것이었다.

이것은 우리가 자동차를 한 대 사더라도 운행 도중 공장에 들여 보내 점검 받는 것과 같다고 보면 될 것이다. 수험생활을 시작하는데 필수적인 요소 가운데 하나는 처갓집 근처에서 수험 근거지를 마련하는 것이다. 육아, 식사 등 각종 도움을 얻을 수 있고 때론 부모님의 관심으로 수험생의 정신적 긴장마저 해소할 수 있다. 가정적인 형편으로 인해 처갓집이나 시댁 부근에 살 수 없는 경우에는 어쩔 수 없다고 할 수 있다. 하지만 이 경우에도 학교나 직장, 지역사회에서 알게 된 현명한 노인들과 때때로 이야기하고 도움을 받는 기회를 가져야 한다.

노인이라고 해서 모두 현명한 것은 아니다. 다만 현명

한 사람 가운데는 노인의 비중이 높은 편이다. 현명할 것 같은 노인들과 자주 이야기 하다 보면 진정한 현자를 만날 가능성이 높다. 현자도 만능이라는 기대는 갖지 않는 편이 낫다. 객관적이며 치우치지 않는 이야기로 나의 특정 분야 상처를 올바로 치료할 수 있는 방법을 아는 분이 있다면 그 분이 현자가 아닌가 싶다.

3.
수험생 남편의 생활

총각 생활을 마치고 결혼을 하면 여러 가지가 달라진다. 그 중 하나는 가구며 집안의 전기 제품 등이 새것으로 바뀐다는 점이고 또 하나는 뭔가 집안의 운영이 낯설고 엉성하다는 점이다. 사실 아들이 장성해 결혼할 즈음에 이르면 모든 어머니들은 가정 운영의 전문가를 넘어서 도사 수준에 육박한다. 나의 어머니도 그랬다. 이 때문에 결혼 직전까지 모든 것이 가지런하고 정리 정돈된 상황에서 살다가 결혼을 해서 새로 살림을 차리니 초보 주부인 아내의 시행착오 때문에 적응하기 힘들었던 것도 사실이었다.

우리 집사람은 지금도 '주부 16년차의 노하우' 운운하지만, 내가 볼 땐 집안 운영에 있어서는 재능이 없는 편이다. 잘 하느냐 못하느냐를 정확히 평가하는 것은 여러모로 중요하다. 혹시나 해서 학창 시절 가사 성적을 물어보니 역시 전체 과목 가운데 가장 못했단다. 학교 교육이 실제와 괴리되어 있다고 주장하는 많은 학자들이 있지만, 나는 의견을 달리한다. 앞서 말한 대로 '가정'이라는 과목의 화학적 성질Chemistry과 본인이 잘 맞지 않았기에 이후 가정 운영에 있어서도 별로 재미나 보람을 느끼지 못한 것이다. 반면 주부로서 역할과 기획에 두각을 나타내는 사람들은 따로 있다. 아침 TV프로그램을 가끔 보면 누구나 보고 지나치는 사소한 일상에서 전혀 생각지도 못한 가정 혁신을 이룬 사람들을 만나게 된다. 그 분들은 가정관리 분야에 있어 진짜 '달인'이라고 해도 과언이 아닐 것이다.

성격에 따라 다르겠지만 나의 경우엔 특히 집안의 청소에 신경을 많이 쓰는 편이다. 어머니가 몹시 깔끔하신 성격이었고 결혼 전엔 나 혼자 방을 썼기 때문에 내가 어질러 놓지 않는 한 항상 방안이 깨끗했고 어질러 놓고 나간 경우에도 어머니가 항상 깨끗하게 치워 주셨기 때문이다. 하지만 결혼을 하고 나니 상황이 완전히 달랐다. 모든 방을 니 방, 내 방이 아니라 두 사람의 방으로 같이 쓰다 보니 내가 어질러 놓지 않았는데도 방이 어질러져 있다거나 치운다고 치워도 그다지 깨끗한 것 같지 않았다. 일단 방 안에 떨어진 긴 머리카락부터 신경에 거슬렸다. 특히 아내가 공부를 시작하고 나서는 상황이 더욱 나빠졌다. 아침에 함께 나가 저녁에 거의 같이 들어오는 생활을 하다 보면 아내의 건강이 염려되어 아내가 청소라도 하겠다고 나서는 것을 오히려 말려야 할 형편이 되어 버려서 그나마 맘에 차지 않던 청소도 자주 하지 않게 되었기 때문이다.

아내의 수험생활을 한 1년만 보조하다 보면 집사람이 청소하겠다고 나서면 자연스레 내가 해야지 하고 생각하기 마련이다. 책이며 법률신문이며 각종 고시잡지, 논문 등등. 수험생활은 종이 쓰레기를 양산한다. 버리기엔 아깝고 놔두자니 골치가 아픈 이런 종이 뭉치들과 씨름을 하다 보면 언제부터인가 이런 것들을 집안 구석구석에 자연스레 쌓아 두는 버릇에 길들여진다. 또 실제로 과단성 있게 버린 것을 아쉬워하며 찾게 되고, 버리기가 애매해서 쌓아두었던 종이 뭉치들 속에서 꼭 필요한 과거 기출문제집을 다시 찾아 기뻐한 적도 있다.

종이 뭉치들로부터 해방될 수 있는 유일한 탈출구는 잘 분류해서 그룹별로 박스에 담아 두는 것인데, 그나마도 잘 하기 위해서는 뭘 좀 알아야 할 수 있다. 중요한 것과 아닌 것을 구분해 버릴 것과 보관할 것을 나눌 수만 있다면 그 분야에서 어느 정도 궤도에 올랐다고 할 수 있을 것이다. 따라서 초반 수험공부 중에 있는 사람에게 그 정도를 요구하는 것은 어느 면에서 보나 무리였다. 결국 이런 과정을 거치면서 나는 아내가 수험생활을 하는 동안에는 집안이 가지런하고 정돈돼 있기를 기대해선 안 된다는 것을 받아들이게 되었다. 자고로 뭔가를 얻으려는 자는 반드시 포기하는 법을 배워야 한다. 수험생활을 통해 인고의 열매를 얻으려는 부부는 일단 가지런히 정돈된 집안이란 개념을 훌훌 털어버려야 할 것이다.

한가지 첨언하면 지저분한 집에서 살면서 생기는 재미있는 현상이 청소에 몰입하는 성격을 갖게 된다는 점이다. 나는 원래부터 기분이 나쁘거나 마음을 다잡지 못하는 경우 청소를 우당탕 하는 경향이 있다. 특히 화장실 청소는 나의 18번이다. 언젠가 내가 존경하는 도산

안창호 선생의 전기를 읽다가 도산 선생이 미국에 공부하러 갔을 때 부족한 학비를 벌기 위해 어떤 미국 사람 집에 하우스보이 아르바이트를 했는데, 당시 화장실 청소를 너무나도 헌신적으로 성실히 해서 미국인 부부의 신뢰를 한 몸에 받는 인물이 되었다는 대목을 읽고 무릎을 친 적이 있었다. 이역만리 타국 땅에서 나라 없는 국민으로, 수중에 가진 돈도 변변치 않은 고학생이었던 도산이 자신의 가치를 상대방이 믿도록 할 수 있는 방법이 달인급의 화장실 청소 이외에 달리 무엇이 있었을까? 만약 입장 바꿔서 우리 집에 한국말도 잘 못하는 다문화 청년이 와서 일한다고 해 보자. 이 청년의 성실성은 누구도 하기 싫어하는 일을 대하는 청년의 태도로 알 수 있지 않겠는가.

성실성은 성誠이다. 작은 일 하나라도 마음을 가지런히 모아 자신의 최선을 다해 처리한다. 일의 결과는 머리와 기술에서 나오는 것 같지만, 실상은 마음가짐이 모든 것을 결정한다. 명장의 손 끝에서 명품이 탄생하지만, 명장의 탄생은 흔들리지 않는 마음에서 비롯되었다. 나도 그랬던 것 같다. 마음의 흔들림 없이 집사람의 분투를 응원하는 방편으로, 답답한 현실에 굴복하지 않고 끝까지 잘 참고 넘어가겠다는 의지의 표현 수단으로 화장실 청소를 택했던 것 같다. 샤워하러 들어간 사람이 한 시간이 되어서도 나오지 않아 놀란 표정의 집사람이 문을 두드린 적이 한 두 번이 아니었다. 스트레스도 풀고 마음도 다잡는 데는 화장실 청소가 최고다.

화장실은 청소했지만 다른 집안 꼴이 말이 아니다 보니 집에 손님이 오는 것이 반가울 수 없다. 또 수험생활이 시작되면 집에서 보내는 일분 일분이 내일을 위한 재충전과 오늘 배운 내용의 복습에 쓰여지기 때문에 공부 이외의 일로 시간을 소비하게 되면 시간이 아쉽기 마련이다. 이 때문에 남편이랍시고 집안에 손님을 들이는 것은 수험생활을 파괴하고 집사람의 컨디션에 찬물을 뿌리는 행위로 금물이다.

하지만 여기는 대한민국이다. 학연과 지연, 혈연이 얽혀 있고, 소위 '사회에서 만난 형과 동생'까지 합치면 마음만 먹으면 언제나 점심과 저녁 약속을 가득 잡을 수 있는 곳이다. 바쁜 기자 생활의 시간 대부분을 사람들을 만나는데 소진한 나는 바뀐 환경에 적응하는 것이 한동안 매우 어려웠다. 술이라도 한 잔 하고 나면 집에 가자고 하는 이야기가 쉽게 나오고 술 취한 김에 지키지도 못하는 호언장담을 해 버리는 경우도 생기기 때문이다.

내가 대학을 다니던 90년대 초반까지만 해도 선후배들 집에 가거나 선후배를 데리고 집에 가는 경우가 많았던 것 같다. 심지어 새벽에 안녕히 계시라고 하면서 나왔지만, 24시간도 되지 않아 다시 안녕하시냐며 맥주를 사 들고 들어간 적도 여러 번이었다. A선배네는 찾아가면 할아버지도 나와 계셨다. 문학을 하셨던 분이라서 그랬는지 손자와 후배들이 마시고 떠드는 모습을 보시겠다며 멀찍이 떨어진 곳에 앉아 술 먹는 모습이며 나누는 이야기를 듣기도 하셨다. 악동취미까지 발동해 신혼집이면 더욱 더 열심히 찾아가 괴롭히기 일쑤였다.

이렇듯 원죄가 있다 보니 나는 집 안에 손님을 들이지 않는다는 원칙을 100% 지킬 수는 없었다. 또 신혼 때에는 내가 어떻게 사는지 궁금해 하는 사람들도 많아서 이 원칙을 지키기가 더욱 더 어려웠다. 그래서 결혼 초에는 몇 번 친구들을 집에서 먹이고 재웠던 적이 있다. 30년 전 우리 아버지가 그러하셨듯이 남들 앞에서 부인한테 큰 소리 치고, 술상 차려오라고 하고, 재우고, 다음날 다시 집사람한테 북엇국 끓여 달라고 해서 먹이고 함께 출근하는 식이었다.

그러나 아내가 시험 공부를 시작하면서부터는 상황이 달라졌다. 일단 집에서 손님을 맞아줄 사람이 없었다. 신림동 고시촌과 독서실을 다녔던 집사람의 귀가 시간은 12시에서 1시 사이. 이보다 일찍 돌아왔을 때는 몸이 아플 때 밖에 없으므로 오히려 내겐 비상이 걸렸다. 안주인이 집에 없는데 손님을 부르기란 정말 곤란하다. 그러다 보니 자연스레 우리 집에 각종 손님의 발길이 끊어지기 시작했다.

전통적으로 집에 손님을 초대해 술잔을 기울여야 호방하고 호탕한 남자라는 인식이 널리 퍼져있는 우리 사회에서 집안에 손님을 들이지 않는다는 것은 자칫 남편의 대외 이미지에 먹칠을 하는 결과를 가져올 수도 있다. 나로서도 남자다운 남자로 살고 싶은 마음은 다른 남편들과 다를 바 없었기에 집에 손님을 들이지 않기는 쉽지 않았다. 그러나 무엇인가를 이루는 데는 대가가 필요한 법이고 아내의 수험생활은 나와의 의논 끝에 시작한 것이었으므로 그 힘든 생활을 빨리 끝낼 수 있도록 도와주는 것도 남편인 내가 해야 할 일이었다. 결국 나는 아내가 공부를 끝낼 무렵에는 친구들을 집으로 데려오지 않는 사람이 되었다. 그 사이 시대도 바뀌어 웬만하면 남의 집에 가자는 이야기도 나오지 않았다. 합리적인 상황이 된 것일까? 아니면 미풍양속이 사라진 형식적인 인간관계의 사회가 된 것일까?

사실 친한 사람의 집을 방문해 그 사람의 책꽂이나 책상 위를 보면 마치 그 사람의 일기장을 훔쳐보는 느낌을 받게 된다. 어떤 책을 읽었고 현재 보고 있느냐 하는 것은 프라이버시 가운데도 일급 프라이버시이기 때문이다. 그래서 정말 친한 사이가 되려면 적어도 그 사람의 내실에 있는 책꽂이 구경은 해야 한다고 생각한다. 무슨 영화제목 같지만 '아는 사람' 정도로 머물러 무슨 책을 보는지, 책상 위에 어떤 사진을 올려놓았는지도 모르는 사이라면 그런 관계는 친구라기 보다는 일시적인 지인 관계가 아닌가 싶다.

산부인과 분만실이 부족해 미리 예약된 번호대로 준비된 날짜에 태어나 금방 고향을 잃어버리고, 핸드폰으로 위인전과 동물의 세계를 접하고, '방문기록'만 남는 사이버 공간에서 사랑을 하고, 회사가 퇴직금 줄 부담을 줄이기 위해 임시로 고용한 사람이 되어 '정규'의 명단에도 오르지 못하는데, 그나마 좋아해서 속을 터놓고 이야기하며 친구라고 믿고 싶은 관계마저도 서로 무슨 책을 보고 사는지도 모르는 종이로 만든 다리 같은 연약한 공감대를 가지고 있다면 과연 우리는 어떤 흔적을 남기고 죽을 수 있을까?

비가 오는 날, 아파트 베란다 문을 활짝 열어놓고 소주 한잔을 놓고 친구와 이런 이야기를 나눌 수 있기를 포기하는 대신 나는 아내가 합격하는 기쁨을 맛볼 수 있었다. 배신자이거나 소심한 현실 추종남이 된 것 같아 좀 그렇지만 아내의 연수원 생활이 끝난 지도 오래인 지금에는 과거 호탕 쾌남아의 DNA는 사라진 것 같다. 어쨌든 부인을 공부시키려고 한다면 그 기간 동안 손님은 집에 초대하지 않도록 애써야 한다. 평소와 다름 없이 모든 것을 다 하다 보면 언제 수험생활을 끝낼 수 있을지 기약할 수 없게 되기 때문이다.

4.
수험생의 필수품

공부를 시작하기로 결정했다면, 이제는 전략적인 판단과 기민한 행동력이 필요하다. 사방이 적이다. 적들이 흘리는 거짓 정보에 속아 엉뚱한 곳에 체력과 시간을 낭비하거나, 필요한 시기에 해야 할 필요한 행동을 하지 못해 후회하는 일이 벌어지지 않아야 성공할 수 있다. 공부를 잘 했던 사람이나 잘 하지 못했던 사람이나 어떻게 하면 공부를 잘 할 수 있는가는 다 잘 알고 있다고 생각한다. 마치 축구를 잘 했던 사람이나 축구에 소질이 없는 사람도 축구 해설은 다 같이 할 수 있는 것과 마찬가지다.

공부는 잘 살펴보면 외면상으로 같은 동작을 장기간 반복하는 일이다. 책상에 바른 자세로 앉아 책이나 강의를 들으며, 집중해서 기억하고, 연상하고, 이해하고, 새로운 문제나 환경에 적용하여 활용할 수 있도록 익히는 과정이 그것이다. 동물과 명확히 차이 나는 인간의 행동이 바로 공부이기도 하다. 특히 가르치는 사람을 앞에 두고 한 자리에 앉아 오랜 시간 강의를 듣는 행동은 다른 동물에게서는 좀체 찾아보기 힘든 인간만의 고유 행동이라고 동물학자들은 말한다.

이런 고귀한 행동에 필요한 것이 없을 수 없다. 학생 노릇했던 때가 지난지 얼마 되지 않았다고 해서 준비가 필요 없을 수는 없다. 수험생활을 시작한 이상 최소한의 준비는 갖춰야 한다. 낚시를 가기로 해놓고 우산대에 실을 둘러 낚싯대라고 할 수 없는 것과 마찬가지다. 공부를 하기 위해서는 우선 책상을 점검해, 필요하면 과감한 투자를 아끼지 말아야 한다.

집에서 주부들이 공부를 시작할 경우, 대부분은 실패할까 걱정을 해서인지 아니면 하루 이틀 하다가 중도에 포기할 때를 대비해서 그러는지 공부하는 표시를 내지 않으려고 애를 쓴다. 의외로 학생이 있는 집을 제외하고 어른을 위한 책상이 있는 집이 우리 주변에 많지 않다. 그러다 보니 주부들은 보통 식탁이나 밥상을 책상으로 끌어다 쓰거나, 거실의 한 구석에 간이 책상을 놓고 마치 계모한테 구박받는 콩쥐처럼 쭈그리고 앉아서 책을 본다. 테니스를 배우기 위해 테니스 라켓을 사고 등산을 가기 위해 등산복을 사는 데는 별로 주저하지 않으면서 공부를 하기 위한 책상을 사는 데는 왜 그렇게 주저하는 것일까? 일단 시작한 이상은 제대로 해야 한다. 고급 대형 책상까지는 마련하지 못하더라도 남들이 봐도 책상이라고 할 수 있을 정도의 의젓한 책상 하나는 마련해야 한다.

의자는 책상보다 더욱 중요하다. 허리를 충분히 받쳐 줄 수 있는 편안한 의자가 필요하다. 책상은 남의 것을 얻어다 쓸 수도 있지만, 의자는 꼭 까다롭게 골라야 한다. 책상과 의자를 제대로 갖춰 놓으면 일단 공부할 수 있는 공간이 만들어진 것이다. 공부한다는 것의 형식이 갖춰지고 그 만큼 집중력도 높아진다. 또한 집안 식구들도 그 의지를 높이 사서 더욱 더 협조에 힘을 쏟을 것이다.

책상과 의자를 갖춰 공부를 시작할 때 자칫 간과하기

쉬운 것이 또 하나 있다. 그것은 조명시설이다. 일상 생활에는 지장이 없는 밝기의 실내 조명이라도 공부를 시작할 경우엔 매우 어둡게 느껴지기 마련이다. 어두운 조명을 그대로 두고 공부를 계속할 경우 쉽사리 눈이 나빠진다. 과학적인 근거는 잘 모르겠지만 조명은 실내 조명과 책상 위에 두는 스탠드, 두 가지 모두 필요하고, 그 밝기도 장시간 책을 봐도 눈이 침침하지 않을 정도이어야 집중력이 유지되는 것을 경험했다.

실제로 우리가 살았던 아파트의 조명은 형광등이었다. 집사람이 공부를 시작한 이후 하도 어두워서 내가 날을 하루 잡아 전구를 모두 교체한 적이 있었다. 전기료 걱정이 살짝 되기도 했지만, 눈이 보배라는 옛말을 다시 한번 되새기며 강행했다. 30와트짜리 백열등이 하나 꽂혀있던 화장실에 60와트짜리 백열등 2개를 꽂았다. 책상 위의 스탠드에도 조명을 보강했다. 좁은 집이고 집사람이 아무데서나 책을 보았기 때문에, 화장실이나 책상, 부엌의 조명 모두 공부와 관련된 시설물이었다. 집안 분위기가 밝아지면서 수험생활에서도 좋은 결과로 이어졌다. 책상과 의자, 조명 외에도 공부에는 많은 준비가 필요하다.

수험생활은 체력전이다. 피곤하면 아무것도 할 수 없다. 피로함을 적게 느끼려면 보약을 먹어 힘을 비축하는 것도 중요하지만 무엇보다도 일단 잠을 편하게 잘 자야 한다. 편안한 잠자리를 구하는 것 또한 연구와 노력이 필요하다. 우선 편안한 잠자리를 위해서는 자는 시간이 일정해야 한다. 의학적으로 가장 좋은 시간은 오후 10시부터 새벽 2시 사이라고 하는데, 수험생이 저녁 10시부터 잠자리에 드는 호사를 누릴 수는 없겠지만, 일단 자는 시간을 일정하게 해서 안정감을 가져야 한다.

게다가 우리 집사람은 허리가 불편해 편안한 잠자리가 더욱 중요했다. 어려서 다친 데다가 선천적으로 허리뼈에 문제가 있기에 하루 종일 한 자리에 앉아서 공부하고 돌아와서는 허리 통증을 호소하는 날이 많았다. 부부가 머리를 맞대고 여러 날 고민한 끝에 침대에 여러 개의 베개를 배치하는 특단의 조치를 생각해 냈다. 베개는 머리에만 받치는 것이 아니라 허리의 편안함을 위해 다리를 올려놓는 데도 최적의 도구였다. 한 개 두 개 베개가 늘어나더니 요즘은 두 명이 자는 침대에 각종 높이의 베개가 7개까지 동원되기에 이르렀다. 두 개는 팔을 올리고 하나는 다리를 올리고 하는 그런 식이다.

집사람이 수험생활을 시작한지 1년이 지났을 무렵 미국 출장 길에서 허리 아픈 사람들이 애용한다는 인체 공학적인 베개를 사온 적도 있었다. 그 베개 하나로 얼마나 집사람에게서 호평을 들었는지 모른다. 그 베개는 그 후 1년도 채 안되어 국내에 소개되어 현재도 심심찮게 TV홈쇼핑 등지에서 판매되고 있다. 그렇다고 무턱대고 비싼 침구나 침대 만이 편안한 잠자리라는 소리는 아니다. 허리와 어깨 등 수험생들의 피로가 몰려드는 부분에 대한 잘 준비된 대책이 마련되어야 한다.

하루 종일 책상에 앉아 공부하면 다리에 피가 몰려 저녁 때가 되면 다리가 퉁퉁 붓는 경우도 있다. 이럴 때는 잘 때 다리를 몸통보다 위로 향할 수 있도록 다리를 받칠 수 있으면 다음날 훨씬 피로감을 덜 느낄 것이다.

잘 관찰해보면 우리나라 성인들은 습관적으로 TV를 켠다. 상식적으로 생각해 보아도 수험생활과 TV는 결코 양립할 수 없다. 수험생과 TV는 물과 기름의 관계임이 분명하지만, 수험생 응원단과 TV또한 양립할 수 있는 관계는 되지 못한다. 나 또한 이것 때문에 고생을 많이 했다. 시험 공부를 하지 않는 남편 입장에서 드라마는 안 보면 그만이지만, 축구나 야구 중계는 놓치기 싫었고, 기자라는 직업의 특성상 뉴스도 필수적이었다. 게다가 나는 결혼 전부터 집사람에게 TV중독자란 이야기를 들을 정도로 TV를 안고 사는 스타일이었다. 집에 돌아와 멍하니 TV를 쳐다보는 것은 정신적으로 스트레스를 푸는데 있어 무엇보다도 좋은 방법이라고 나는 생각한다. 잠시 바보가 되는 것도 하루 종일 머리를 굴려야 하는 직장인의 입장에서 좋은 스트레스 해소법이기 때문이다.

하지만 수험생이 옆에 있다면 이야기는 달라진다. 수험생이 독서실이나 학원에서 늦게 돌아오는 경우엔 덜하지만 가끔 환경 변화를 요구하며 집을 공부장소로 이용한다면 TV철거는 시급한 현안문제가 된다. 우리 집사람은 나에 비해 의지가 강한 편인데도 수험생활이 계속되면서 주위 환경에 쉽사리 싫증을 내곤 했다. 대학교 도서관이나 집 앞 독서실을 잘 다니다가도 갑자기 공부가 잘 안되어서 그러니 집에서 공부를 해야겠다며 책을 싸 들고 집으로 온 적이 몇 번이나 있었다. 이럴 때마다 나와 처제는 참 곤란했다. 일부러 케이블 방송까지 연결했는데 안 보자니 너무 억울하고 보자니 공부에 방해될 것이 뻔했기 때문이다.

그러나 수험생활의 성공은 포기할 것을 빨리 포기하는 데서 나온다. 수험생활의 시간을 단축할 수 있다면 무슨 희생이라도 각오해야 한다. 남편과 가족이 TV를 포기해서 부인의 수험생활이 단축될 수 있다면, 남편은 옆집의 TV라도 가서 폭파시키고 오겠다는 각오를 가져야 한다.

수험생활을 위해 해야 할 적극적인 노력 가운데서 공부하기 위한 시설을 갖추고 조명을 밝히고, 잠자리를 고치고, TV를 치우는 것들은 교과서에 나오는 내용들이 아니다. 어떻게 하면 수험생활을 잘 이끌고 나갈 수 있을 것인가를 두고 토론하고 함께 고민하는 가운데 나온 실천적인 답변들이다. 이런 것들을 함께 생각하는 과정 자체가 이미 수험생활에 지친 아내에게는 남편의 사랑을 보여줄 수 있는 계기가 된다.

아내의 공부를 보다 빨리 끝내기 위한 시설 투자가 이뤄졌다면 그 다음으로는 시험 정보에 대해 생각해 보아야 한다. 잘 모르면 과장해서 생각하기 마련이다. 공부도 마찬가지다. 영어공부를 열심히 했다는 이야기를 '영어사전을 한 장씩 뜯어 가지고 다니며 단어를 외우고, 나중에는 뜯어낸 사전 종이를 씹어 먹었다'고 말하는 것과 같은 식이다. 중학교 때 영어 선생님으로부터 '너희 선배들 가운데는 그렇게 공부해서 오늘날 서울대 영문과에 진학한 사람들이 많다'고 하시는 말씀을 듣고 나는 사실인 줄 알았었다. 대학에 가서 영문과에 다니는 학생들 몇 명에게는 실제로 물어본 적도 있다. 물론 옛날에는 그런 식으로 공부한 사람들도 있었겠지만 전형적으로 과장된 표현이라고 생각한다. 이처럼 공부에는 헛소문이 많다.

수험생활을 시작해서 강의를 듣거나 정보를 얻기 위해 학원에 가면, 그 주변에서 수험관련 정보를 접할 기회가 많을 것이다. 그러나 그런 정보 가운데는 필요한 것도 있지만 괜히 수험생에게 겁만 주는, 그래서 결과적으로 전혀 유익하지 않은 정보도 숱하게 많다. 예를 들어 '사법시험 준비를 위해서는 하루 12시간씩 2년을 꼬박 공부해야 한다'는 식의 이야기가 그것이다. 누구는 코피를 쏟으며 했다느니, 아예 책상에서 하루 종일 일어나지 않았다느니, 마치 앉아서 열반에 든 고승들의 이야기를 듣는 것과 같은 믿어지지 않는 공부 무용담이 실제 초보 수험생들을 당황하게 만들고 있다.

집사람도 법학 전공자가 아닌 관계로 주변에 고시 공

부를 하는 사람들이 많지 않아서 그랬는지 신림동에 한 번씩 다녀 와서는 그런 씨알도 먹히지 않는 소리를 하는 것이 아닌가. 아무리 현명한 사람이라 하더라도 무슨 일이든 자기 일이 되면 사람들은 이성을 잃게 되는 모양이다. 나는 이런 이야기를 집사람에게서 전해 들었을 때, 대번 과장된 헛소문이란 생각을 했었다. 사법시험 공부가 공장에서 일하는 것도 아닌데 하루 12시간씩 2년을 해야 하는 것이라니, 우습기 그지없는 이야기였지만 정작 당사자인 집사람은 매우 심각한 표정으로 고민하는 것이었다. '공부를 하다 보면 잘 되는 날은 하루에 12시간도 할 수 있지만 능률이 오르지 않거나 컨디션이 좋지 않을 때는 하고 싶은 만큼만 하면 되는 것이 아니냐'고 한참을 설득한 뒤에야 헛소문에 대한 공포에서 벗어날 수 있었다.

우리 집사람은 50킬로그램도 나가지 않는 몸무게에 절대 강하지 않은 체력의 소유자다. 이런 사람이 끝까지 시험공부를 할 수 있었던 것만 봐도 공부와 관련된 헛소문이 얼마나 엉터리인지 알 수 있다. 공부와 관련된 헛소문에 현혹되지 않으려면 제대로 된 정보가 필요하다. 주부들이 수험생활을 하는 도중에 만나는 가장 큰 적은 정보의 부족에서 오는 비효율과 정보가 부족해서 무엇인가 불이익을 당하는 것은 아닌가 하는 불안감이다.

학생들은 학교에서 또래들끼리 어울리거나 동아리를 형성하며 정보를 수용한다. 하지만 주부들은 수험생활과 관련된 정보를 얻기가 무엇보다 어렵다. 따라서 이럴 때는 남편을 이용한 양동작전이 필요하다. 남편의 후배나 선배, 동료들 가운데 같은 공부를 했던 사람들이나 이미 시험에 합격한 사람들은 좋은 취재 대상이다. 주부들은 사회적 네트워크에 한계가 있기 마련이므로 남편이 정보 취득에 반드시 협조해야 한다. 인적 정보 외에도 대학가 서점이나 수험서적 전문 서점에 정기적으로 들러 관련 자료를 챙기는 것도 중요하다. 인터넷도 빼 놓을 수 없는 정보의 바다다. 요즘은 정보가 없어서 모르는 것이 아니라 어디에 있는지를 몰라서 모르는 경우가 많으므로 남편과 함께 정보 수집에 나서야 한다.

수험생활의 정보는 어떤 과목에 무슨 책을 봐야 하는지부터 어떤 강사가 학원가에서 강의를 잘 하는지, 선택과목 선택에 있어 수험생들의 경향이 어떤지 등 다양하다. 직장생활을 하는 남편들의 경우 평일에는 신경을 쓰기 어려우므로 일요일 등 휴일을 잡아 집중적으로 정보

탐색에 들어가야 한다. 나 같은 경우 쉬는 날에는 서울 신림동의 고시촌 주변에 가서 사람도 만나고 전화도 거는 방식으로 정보 수집을 위해 시간을 들였다. 또 마침 대학 때 절친했던 친구 한 명이 수험생활을 하고 있었던 것도 정보 취득에 도움이 되었다. 물론 수험생활이 궤도에 오르면 남편의 노력은 점점 덜 중요해진다. 공부하는 당사자가 수험생활이라는 세계에서 나름의 정보 취득망을 가질 수 있게 되기 때문이다. 그러나 아내의 수험생활이 제자리를 잡을 때까지는 정보 취득 면에서 남편의 역할은 무척 중요하다. 남편의 제대로 된 정보는 수험기간을 줄여주고, 쓸데 없이 노력을 허비하는 것을 막아주는 역할을 한다. 수험생활을 건강하게 지탱하기 위해서 꼭 필요한 요소이기도 하다.

5.
수험생 남편의 자격

수험생활을 하는 부인을 둔 남편은 여러 가지 역할을 맡아야 한다. 축구 국가대표팀에 비교하자면 선수만 부인일 뿐, 감독, 플레잉 코치, 팀 닥터, 축구협회 연락관, 대변인, 심지어 국가대표가 타는 버스 운전수의 역할도 해야 한다. 아내가 시험 공부를 계속 하다 보면 슬럼프가 찾아오기 마련이다. 수험생들은 여러 가지 이유로 예민해지기도 하고 체력의 저하가 무기력증을 가져오기도 한다.

집사람의 경우에도 여러 차례 울면서 괴로워한 적이 있었다. 나이 서른 살이 넘어 그 동안 한 번도 해 본 적이 없는 공부를 시작 했는데 오죽 했겠는가? 남들은 대학 마치면 공부와 작별 하는데, 뒤늦게 10년 이상 차이 나는 후배들하고 경쟁하는 것이 심리적으로 크게 힘들었던 것이다. 게다가 젊은 친구들이 자신보다 이해도 빠르고 하나를 암기해도 훨씬 오래 기억하는 것이 당연했지만, 집사람은 쉽사리 그런 현실에 승복하지 못하는 것 같았다. 또한 사법 시험 공부를 시작하면서 낙방이라는 것을 경험했고 그로 인한 충격이 매우 컸던 것 같다. 가끔씩 자신이 먼지나 모래알 같이 느껴진다며 울기도 했고, 이미 판사가 된 학교 동창생의 기사를 신문에서 보고는 시험을 보기 싫다며 고집을 부리기도 했다.

집사람은 대학에서 법학을 전공하지 않았다. 그래서 공부가 더욱 힘겨웠을 것이다. 나는 집사람이 힘들어 할 때마다 몹시 안쓰러웠고 왜 이런 일을 시작했나 싶기도 했지만 그만 둘 수는 없다고 생각했다. 집사람도 어쩌면 진심으로는 한 번도 그만 두려 하지 않았는지도 모른다. 이럴 때는 아무리 한 가족이지만 냉철한 시각을 유지하는 것이 수험생 본인을 위해서나 나를 위해서나 좋다. 냉정한 감독의 역할을 해야 하는 것이다. 영어에 Devil's Advocate(악마의 대변인) 이라는 표현이 있다. 원래는 악역을 하도록 임무가 주어진 경우에 쓰는 말인데, 여기서 나는 수험생에게 악역 아닌 악역을 맡아했다.

집사람이 약한 모습을 보일 때 나는 이렇게 말했다. "당신 스스로 원해서 시작한 일이다. 그만 두고 싶다면 그만 두어도 좋지만 그럴 경우 당신이 회사를 다니면서 인생에 관해서 느낀 문제들은 영영 해결하지 못할 것이다. 당신이 느끼는 그 먼지 같고 모래알 같다는 느낌은 당신을 떠나지 않을 것이다. 이건 결국 당신의 문제를 해결하기 위해서 스스로 선택한 일이다." 여기서 실패하면 영원히 패배자로 남을지도 모르는데, 그래도 괜찮다면 그리 하라는 식이었다.

집사람은 대학을 졸업한 후에 제일기획이라는 광고회사를 몇 년이나 다녔는데 행복해하지 않았다. 결국 나와 결혼한 다음 해에 회사를 그만 두었다. 집사람은 회사만 그만 두면 행복해질 수 있을 것으로 생각했다. 절반은 맞는 해법이었지만, 회사를 피했더니 남편이라는 원수 아닌 원수를 만났다. 남편이라는 원수는 적성에 맞지 않는 회사 이외에도 인생에는 불행하게 만드는 요소가 많다는 새로운 사실을 알려주었다. 그 불행을 탈피하기 위해 공인중개사라는 탈출구를 찾았고, 역설적으로 공인중개사 시험을 보는 것보다 사법시험 준비가 더 쉬워 보여 여기까지 오게 된 것이다.

공인중개사 시험보다 사법시험 준비가 더 쉬워 보인다는 대목이 이상하게 보일지 모르지만, 우리가 사는 일상 생활에서는 쉽게 접할 수 있는 일들이다. 단적으로 서울에서 뉴욕같이 멀지만 큰 도시를 가는 것과 태평양 위에 떠 있는 어떤 아름다운 섬처럼, 가깝지만 교통편이 쉽지 않은 곳과 어느 편이 더 가기 쉬울까? 거리상으로는 가까워도 여러 번 갈아타는 수고와 잘못 갈아타고 엉뚱한 곳에 내릴 수도 있는 위험, 이 모든 것을 감안하면 거리는 좀 더 멀어 보여도 뉴욕이 낫지 않겠는가? 하는 판단이었던 것이다. 그런 생각에서 시작한 시험 공부였다.

사람은 자신이 잘 할 수 있거나 좋아하는 일을 하며 살아야 한다. 광고 일은 집사람이 생각하는 그런 일이 아니었던 것 같다. 공부는 비교적 좋아하는 범주에 드는 일 같았다. 법조계에서 하는 일을 좋아할 수 있을지는 모르지만 그래도 집사람이 할 수 있는 것 중에서는 공부가 제일 나았기에 시험을 보기로 한 것이고 대학생이 사법시험 준비하는 것과는 다르니까 어려움이 있으리라는 것은 처음부터 알고 있었다. 그래서 나는 집사람이 힘겨워해도 결국 이 시험으로 끝을 보아야 한다고 생각했다.

자기 또래의 사람들이 하지 않는 일을 하고 있는 사람은 소심해지기 쉽다. 원래 성격이 다소 소심한 사람이었다면 많이 소심한 사람이 되는 것이다. 결혼을 한 여자가 다니던 회사를 그만 두고 사법시험을 준비한다는 것은 흔한 일은 아니다. 집사람의 친구 중에서도, 내가 아는 사람 중에서도 그런 사람이 없었다. 게다가 시험 공부를 시작한지 얼마 지나지도 않은 때에 임신을 해서 아이까지 낳았다. 그러니 얼마나 위축되고 두려웠겠는가? 더구나 그로 인해서 가정이 정상적으로 유지되지 못하니 그렇게까지 하면서 시작한 공부를 그만두겠다고 생각하기는 어려웠을 것이다.

그러나 사람에게는 출구가 필요하다. 지금 가고 있는 길이 막혀 있다면 돌아갈 수 있다는 생각을 할 수 있어야 끝까지 가 볼 힘이 나는 것이지, 죽든 살든 다른 출구가 없다고 한다면 사람은 모두 정신병에 걸릴지도 모른다. 수험생도 마찬가지다. 내가 집사람에게 "집안을 어지럽히면서까지 공부를 시작했으니 무슨 일이 있어도 당신은 절대로 그만 둘 수 없어"라는 태도를 보였다면 우리의 생활은 훨씬 힘들었을 것이다. 나는 집사람의 소심한 성격을 누구보다도 잘 알고 있었기에 집사람이 시험 공부를 하는 동안 항상 "그만 두고 싶어지면 그만 두어도 된다"고 말했다. 물론 정말로 집사람이 그만 둘 것이라고는 생각하지 않았었다. 의지가 강한 편이고, 하기 싫은 일이라도 필요하다면 묵묵히 하는 사람이기 때문이었다.

어쨌든 도망갈 수 있는 길이 있다는 생각을 할 수 있어서 그나마 좀 낫지 않았을까? 그만두어도 된다고 말했을 때 나는 진심이었고 집사람도 그것을 느꼈을 테니 말이다. 그리고 나는 집사람이 합격할 수 있으리라는 것을 의심하지 않았다. 그랬기에 약한 모습을 보이는 집사람에게 모질게 말할 수 있었던 것 같다. 무사히 끝내주어 정말 고맙다고 지금도 생각하고 있다.

집사람과 나는 대학에서 만나서 오랫동안 서로 대등한 관계로 지내왔기 때문에 서로에게 약간의 경쟁심 비슷한 것이 있었다. 집사람이 어느날 심통이라도 나서 아이큐가 나보다 높다든가, 학교 다닐 때 공부를 더 잘 했다든가 하는 유치한 이유로 자신이 더 잘났다고 주장할 때가 있었다. 그럴 때 나는 대부분 시골에서 측정한 아이큐는 믿을 수 없다거나 시골 학교에서 수석을 했어도 강남 8학군에서는 안 쳐준다는 등 똑같이 터무니없는 이유로 유치하게 대응했었다. 그러나 사실 집사람이 그렇게 유치하게 나올 때는 무엇인가 억울하다고 느꼈기 때문이다. 똑같이 공부해서 대학을 나왔는데 신문기자로 활발한 활동을 벌이던 나와 구석의 이름 없는 수험생인 자신을 비교해 보면 이유를 알 수 없는 심통이 날 수도 있었을 것 같다.

이 글을 보는 사람들 가운데 집사람이 공부를 하겠다고 나서는 경우에는 대부분 부인이 남편에 비해 부족하지 않은 능력과 학력의 소유자일 가능성이 높다. 우리 집사람처럼 수험생활 도중에 자신과 남편의 현 상황을 비교해서 억울해 할 수도 있다. 그럴 때 부인에게 그런 생각을 할 필요 없다고 도덕군자처럼 말해 주어서는 안 된다. 오히려 아내의 그러한 경쟁심을 적절히 이용하는 것이 수험 기간을 단축시키는데 도움이 된다. 지금의 처지는 엄연한 현실이다. 그러니 억울하면 더 열심히 노력해서 스스로의 힘으로 처지를 바꾸라고 말해 주는 것이다.

아내를 울리거나 약 올려서는 안 된다. 다만 현실을

냉정하게 인식시키고 도전 의욕을 고취시키라는 뜻이다. 그런 말을 해서 아내가 화가 난 것 같을 때는 잠시 후에 커피라도 권하면서 따뜻하게 다른 이야기를 해서라도 마음을 풀어주어야 한다. 괜히 아내와 진짜 라이벌이 되어서는 남편만 우스워지는 것 아닌가. 이렇듯 못된 말을 하고 채찍질을 했으면 당근도 당연히 제시해야 한다. 요샌 '채찍과 당근' 대신 강도를 높인 '해머(망치)와 스테이크'라는 표현을 쓴다던데, 가까운 사이에 너무 강한 처방을 내리면 되돌아 가기 어려운 상황이 생기므로 조심해야 한다.

당근 가운데 첫 번째는 돈 들지 않는 당근, 즉 유머가 있다. 유머를 두고 '생활의 윤활유'라고 한다. 요즘은 특히 무능한 것은 참을 수 있어도, 재미없는 것은 참을 수 없다는 분위기가 대세가 되고 있다. 수험생활이 진행될수록 지치기 마련인 수험생에겐 주변에서 전하는 한 마디 유머가 긴장감을 떨어뜨리고 활력을 솟게 만든다. 재미있는 농담 한마디를 기억하기 부담스럽다면 남편 특유의 썰렁한 유머라도 자꾸 반복하면 때론 좋은 반응을 얻을 수 있다.

쉽게 말해 유머 자체가 웃기느냐 여부를 떠나 남편이

부인을 한 순간이라도 웃기려고 하는 노력이 전달된다면 썰렁한 유머도 효과 만점이 된다. 우리 집사람은 휴대폰 배터리가 다 닳아 없어지면 "휴대폰에 약이 없다"고 말하곤 한다. 그러면 나는 얼른 "그러면 약국에 다녀와"라고 놓치지 않고 대답했다. 처음엔 "하나도 안 웃겨"라며 무안을 주던 집사람도 한 두 차례 이런 식의 응대가 이어지자 결국은 피식 웃고 만 경우가 있었다. 이처럼 부부 사이의 유머란 연애시절처럼 유머 자체가 웃기느냐 여부를 떠나 부부 사이에만 통하는 암호와 같은 것이다. 부부 사이에 통하는 암호가 늘어갈수록 그에 비례해서 부부 사이는 긴밀해 진다. 늘 다른 사람과 경쟁하고 비교되고 하나라도 더 외우고 이해하기 위해 안간힘을 써야 하는 각박한 수험생활에서 남편이 전하는 그만의 유머는 부인을 미소 짓게 하고, 힘 나게 하는 정신적 보약이다.

돈 들이지 않고 부인의 사기를 올려주는 것 가운데 하나는 생일과 결혼기념일을 반드시 챙기는 일이다. 바쁜 일과 때문에 아내가 따로 주의를 주지 않으면 잊어버리는 건망증이 심한 남편의 경우(나와 같은 케이스)라도 수험생활 중이라면 어떠한 일이 있더라도 반드시 생일과 결혼기념일을 챙겨야 한다.

수험생은 좁은 공간에 갇혀서 하는 반복적인 공부로 인해 정신적으로 매우 피곤한 상태에 있는 사람들이다. 이런 사람들은 사회활동을 하는 사람들로선 생각하기 어려운 일로 인해 감동받고 또한 상처 받기도 하는 성향이 있다. 내 경우만 돌이켜 보더라도 고등학교 때는 수험생활의 압박을 받아서인지 크리스마스나 명절이 되면 굉장히 들뜨곤 했다. 다른 어떤 것에 비해 민감하게 반응하곤 했던 것이다. 별것 아닌 크리스마스 캐롤이라도 길 가다 듣게 되면 마음이 쉽게 뒤숭숭해지며 마치 큰 일이라도 벌어지는 대단한 날이라도 되는 것처럼 생각했던 것이 지금도 기억난다.

수험생에겐 생일이나 결혼기념일이 그런 날이다. 이런 날 고생하는 아내를 감동시키지 못한다면 그런 남편은 수험생활을 후원할 자격이 없다. 수험생과 막상 좋은 추억을 남기려고 생각해 보면 마땅히 갈 곳이 없는 것도 사실이다. 나는 남편이 주로 가는 맥줏집이나 선술집 같은 술집을 권하고 싶다. 아니 수험생을 데리고 술집을 가라니. 또 간다면 어떤 술집을 간다는 말인가 하고 묻는 사람도 있을 것이다. 아내와 함께 정기적으로 술집을 가야 하는 이유는 간단하다.

첫째, 수험생활에 정신 없이 바쁜 아내지만 가끔 아내 특유의 본능을 발동해 남편을 의심할 경우가 있다. 특히 남편이 자주 늦는 경우 어디 가서 무엇을 하는지 궁금해 할 경우가 많다. 이럴 경우 남편이 자주 가는 술집으로 데리고 가서 그 곳의 분위기 속에서 맥주라도 한 잔 나누는 것은 설명 없이 아내를 이해시킬 수 있는 가장 좋은 방법이다.

그곳이 집 앞의 카페라도 좋고, 회사 앞의 골뱅이 안주가 있는 생맥주 집이어도 좋다. 아내가 원하는 것은 자신이 남편과 정서적, 육체적으로 떨어져 있는 외딴 존재가 아니라는 것에 대한 확인이기 때문이다. 둘째, 수험생활 자체가 너무 힘들기 때문에 가끔 스트레스를 풀어줘야 하고, 그를 위해서는 부부 사이에 맥주 한 잔을 사이에 두고 토론이건, 이야기건, 말싸움이건, 뭐든 대화를 나누는 것이 중요하다.

솔직히 고백하거니와 어렵고 복잡한 이야기를 천성적으로 좋아하는 집사람과 단순한 이야기를 선호하는 나의 취향 차이 때문에 연애 시절부터 나는 줄곧 집사람을 분위기 좋은 술집으로 유도했다.(분위기가 좋으면 골치 아픈 이야기보다는 야들야들한 이야기가 많아진다.) 집사람은 낙지를 파는 소줏집을 좋아하는데 반해, 나는 평소에도 소주를 원없이 마시는 직업의 특성상 집사람과 한 잔을 해야 하는 경우에는 좀 비싸더라도 분위기 있는 맥줏집이나 바를 골랐다. 맥주를 한두 잔만 마신다면 호텔의 바도 가격에 비해 효과 만점이다. 5만 원 이내로 단 둘이서 생맥주 두서너 잔을 마시고 나오면, 갈빗집서 소주를 마신 것보다 효과가 좋았다. 물론 수험생활을 실제로 뒷바라지 하다 보면 이런 자리는 1년에 한두 번도 어려운 일이었다. 반면 집에서 술을 마시는 것은 극구 말리고 싶다. 편안한 마음에 자제하기 어려워지고 다음날 수험생활에 막대한 지장을 미치기 때문이다.

돈 안 드는 유머부터 기념일 챙기기, 그리고 분위기 있는 맥주 한 잔만으로 당근이 충분하다고 생각하면 당신은 외조의 자격이 없다. 부인은 바보가 아니기 때문이다. 남편이 지갑을 열어야 감동은 완성된다. 지갑에서 나오는 금액의 크기는 어느 정도여야 부인이 감동할 것인가? 그것은 집집마다 다르고 사람마다 다르고 상황마다 다르다고 할 수 있다. 다만 한 가지. 부인이 내심 '저렇게 지출해도 우리 가계는 안전한가'하고 불안한 얼굴빛을 살짝 보일 때가 적정 금액이라는 것은 확실하다.

이렇듯 막대한 출혈을 감수하지만 결코 아깝지 않게 지출할 수 있는 방법이 있다. 여자는 꿈을 꿀 수 없으면 시들어 버린다. 바꿔 말하면 꿈을 꿀 수 있게 해 주면 계속 부인의 에너지를 끌어낼 수 있다는 것이다. 몇 번이나 말했지만 수험생활은 남자들도 견디기 힘들 정도로 체력 소모가 심한데다가 심리적으로도 끝없는 긴장과 불안의 연속이다. 포기하거나 지치기가 그만큼 쉬운 것이다. 이럴 때 필요한 것이 성공한 후의 생활에 대해 꿈 꿀 수 있게 해 주는 것이다.

말하자면 생일이나 결혼기념일 선물로 시험 공부를 하면서는 전혀 쓸모가 없는 고급 서류 가방이나 고급 구두 같은 것을 선물하는 것이다. 그리고 부인이 사법시험을 준비한다면 그 가방을 들고 법정에 가는 당신 모습을 상상해 보라거나, 그 구두를 신고 검찰에서 일하는 모습을 그려보라는 말을 해 주는 것이 좋다. 그러면 아내는 힘들 때 그 가방이나 구두를 보면서 시험에 합격하고 모든 어려움이 끝난 상태를 꿈꿀 수 있다. 그리고는 새로운 에너지를 얻는 것이다.

여자들의 능력은 놀라울 때가 있다. 현실이 남자보다

는 여자에게 더 힘겹기 때문인지도 모른다. 우리의 아내들은 모두 스스로도 잘 모르는 놀라운 에너지를 가지고 있다. 당신 아내의 능력을 믿어라. 그리고 후회 없이 밀어 주어라. 아내가 성공하면 그보다 더 좋은 투자가 어디 있겠는가. 더구나 어려울 때 도와준 남편에게 항상 고마워하기 때문에 일석이조인 셈이다.

6.
수험생 남편의 변신

남편의 퇴근 시각은 공부하는 아내에겐 매우 중요한 문제다. 아내의 공부를 핑계로 남편이 매일 늦는다면 가정에 소홀하다고 여겨 아내가 상처를 받을 위험이 있다. 그렇다고 해서 너무 일찍 들어가도 남편의 저녁밥이 문제가 되는 등 신경이 쓰인다. 그야말로 남편이 알아서 잘 해야 하는 것이 바로 이 퇴근 시각이다. 사실 남편이 잘 알아서 해야 하는 것은 비단 퇴근 시각만은 아니다. 상황과 조건에 맞춰 무수한 변신을 해야 하는 것이 수험생의 남편이다.

어떨 때는 생각지도 않은 시각에 퇴근해서 아내가 공

부하는 곳을 찾아가 맛난 저녁을 사 주며 로맨틱 가이로 변신할 필요가 있는가 하면 어떨 때는 있는 둥 없는 둥 하는 투명인간으로의 변신도 필요하다. 11시에서 12시 정도 귀가한다면 투명인간의 적당한 퇴근 시각이 아닐까 한다. 아내가 공부를 마치고 집으로 오는 시간대에 맞춰 함께 퇴근하거나 집에서 만나 하루 일과를 짧게나마 서로 이야기하며 생활 리듬을 맞추는 것이 가능하기 때문이다. 아내의 하루를 격려해 주거나 피곤했던 일을 아내에게 이야기하면서 위로 받으면 다시 하루를 살아갈 힘이 서로에게 생겨나게 된다.

나의 경우 이처럼 수험생활하는 아내와 지내는 동안 시험에 떨어지면 빚만 떠안는다는 긴장과 불안 때문에 오히려 부부 사이가 단단하게 결속되는 측면이 있었던 것 같다. 우리는 대학 때 만나 오랫동안 알아온 사이이므로 별달리 어렵지 않게 힘들 때 서로의 힘이 되어줄 수 있을 것으로 생각했지만 꼭 그렇지 않더라도 바깥의 어려움은 내부를 통합시킨다고 하지 않는가? 결국 수험생활로 얻을 수 있는 것은 합격이 주는 기쁨만은 아닐 것이다.

퇴근 시각 하니 출근에 관한 것이 생각난다. 우리는

수험생활을 시작하며 학원이 가까운 신림동으로 이사를 하면 좋겠다고 판단해 몇 번이나 이사를 시도한 적이 있다. 결국 이사를 하지 못했는데, 여기에는 현실적인 측면과 함께 잠까지 신림동에서 자다가는 수험생활에 너무 몰입해서 오히려 해로울 수도 있겠다는 판단도 함께 작용했다. 이런 경우엔 신림동에 살지 못함으로써 발생하는 시간적 손실과 수험 정보를 제때 취득하지 못해 겪는 손해를 만회할 수 있는 대안이 필요하다.

우리는 그 대안으로 내가 기꺼이 부인의 운전기사가 되기로 했다. 즉 출근 전에 아내를 신림동까지 태워다 주는 기사로 변신한 것이다. 우리 집사람은 소위 말하는 장롱 면허증이다. 운전 면허증은 가지고 있지만 운전을 하지는 못한다. 덕분에 현재 우리 집사람은 최우수 모범 운전자가 소유한다는 녹색 운전면허증을 가지고 있다. 제도의 허점이다. 어쨌든 집사람은 며칠간 매일 버스를 타고 신림동에 다니더니 시간도 오래 걸리고 피곤하다며 고통을 호소해 왔다. 그렇다고 택시를 매일 타자니 비용이 만만치 않았다.

나의 직장은 광화문에 있었고 우리 집은 사당동이었으므로 출근길은 신림동과는 반대 방향이었다. 따라서 아내를 태워다 주고 출근하려면 나는 아침부터 일찍 일어나 부지런을 떨어야 했다. 나를 아는 주위 사람들은 내가 아침에 일어나 집사람을 신림동에 태워주고 나왔다고 하면 다들 놀라는 표정을 짓곤 했다. 나 역시도 신기하다. 술 마시고 새벽에 들어간 피곤한 아침이지만 아내를 데려다 주기 위해 악착같이 일어나곤 했기 때문이다. 그다지 부지런한 스타일이 아닌 나로서는 몹시 힘들었지만 그렇게 함으로써 아내가 이른 시간부터 몸 편히 공부할 수 있고, 나도 아내의 수험생활에 큰 기여를 하고 있다는 만족감이 있어서 지탱할 수 있었던 것 같다. 그리고 나와 달리 감정 표현을 어색해 하지 않는 아내로부터 아침마다 진심 어린 감사의 인사를 받는 것도 나쁘지 않았다고 할까.

이러한 운전 기사 생활에 있어 가장 중요한 것은 밤에 주차를 할 때 등을 모두 끄고 항상 점검을 해서 배터리가 방전되지 않도록 하는 것이다. 나의 경우는 집사람이 시험을 보기 전 날 술을 마시고 들어갔다가 정신이 없어 차 내 전등을 켜놓고 내리는 바람에 정작 시험 당일 아침, 차가 시동이 걸리지 않아 몹시 당황했던 경험이 있다. 결국 근처의 카센터 문을 두드려서 차를 움직이게 하기는 했지만 그 아침의 당황스러움은 너무도 큰 것이었다.

어쨌든 집사람은 그때 시험에 떨어졌는데, 아직도 그 원인을 아침에 차가 움직이지 않아 지각이라도 하지 않을까 너무 걱정한 탓이라고 말하고 있다. 우연인지는 모르지만 집사람은 내가 데려다 준 시험에서는 다 떨어지고 내가 출장을 가서 데려다 주지 못한 시험에서는 합격하곤 했다. 내가 없는 사이에 치른 1, 2차 시험에서 모두 합격했으니 평소에 운전기사 노릇을 했더라도 남편은 시험장에 안 가는 것이 좋은 건지도 모르겠다.

7.
수험생이 포기할 일

수험생이 있는 집안은 가족 행사가 힘들다. 일년에 한 번 있는 휴가도 맘 편히 다녀오기 어려운 것이다. 특히 우리 집사람처럼 소심한 사람은 언제나 모든 것을 잊지 못하기 때문에 합격할 때까지는 시험을 잊고 맘 편히 논다는 것은 어려운 일이었다. 그래서 나와 집사람은 시험 공부를 하는 동안에는 하룻밤 가서 자고 오는 것 외에는 여행다운 여행을 다닐 수 없었다. 수험생활 도중에 태어난 아들을 데리고 집 밖을 나선 것은 2차 시험을 앞두고 있을 때가 처음이었다. 그러나 이러한 제약이 꼭 나쁘기만 한 것은 아니었다. 함께 할 수 없는 것이 많았기 때문에 시간을 쪼개어 함께 할 수 있었을 때 더욱 귀하게 생각되었고 남들이 아무렇지도 않게 여길 일들에서 기쁨을 느낄 수 있었다.

예를 들자면 집사람이 2차 시험을 앞두고 있던 겨울, 두 돌이 갓 지난 우리 아들 민재를 데리고 셋이서 처음 갔던 동물원에서 느낀 행복감 같은 것이 그러하다. 시험이 몇 달 남지 않았던 때이므로 마음의 여유는 없었지만 우리로서는 처음 부모가 된 기쁨을 만끽했던 것 같다. 아들의 천진한 질문과 천사 같은 표정과 우리에 갇힌 동물들을 불쌍히 여기는 마음씨가 우리에게 놀라운 행복감을 주었다. 결국 그런 힘이 사람을 살아가게 하는 것 아닐까?

그 이후로는 아직까지도 아들을 데리고 셋이서 동물원에 간 적이 없는 것을 보면 동물원에서 느낄 행복을 그날 다 느껴서 여한이 없는 것인지도 모른다. 집사람도 아들에게 미안한 마음 때문에 열심히 공부했다고 말하는 걸 보면 모든 일에는 좋은 면과 나쁜 면이 있는 것이 분명하다. 시험 공부를 하는 아내에게 아들의 존재는 시간적으로 엄청난 제약이 되지만 한편으로는 집중력을 높여야 할, 꼭 합격해야 할 이유가 되니 말이다.

여하튼 아내가 수험생활을 하는 동안에는 다른 가족들처럼 휴일과 휴가를 즐기기는 어렵다는 것을 받아들일 수 있어야 그 생활을 마칠 수 있게 된다는 것을 잊어서는 안될 것이다.

결혼한 입장에서 수험생활을 하는데 또 하나의 장애물은 시댁과의 관계다. 결혼한 입장에서 시댁에 관한 일을 완전히 외면할 수도 없고, 그렇다고 수험생이 되었는데 그 전처럼 똑같이 행동하기란 불가능한 일이다. 나의 경우도 처갓집에서는 부인의 수험 사실을 그리 이상하게 여기지 않았지만, 우리 집(집사람 입장에서 시댁) 은 사정이 좀 달랐다. 원래 보수적인데다, 당시 나는 어머니를 여읜지도 얼마 되지 않은 상황이어서 더욱 형편이 좋지 않았다. 아버지나 우리 집안 입장에서는 첫 며느리가 시어머니의 빈 자리를 메워 주길 내심 바랬는데, 난데 없이 사법시험을 보겠다고 하니 당황해 할 만도 했다. 더구나 수험생활은 끝나는 날이 정해져 있는 것도 아니지 않은가?

집사람은 1998년 2월 처음으로 사법시험 1차에 도전했다. 첫 시험은 고시생들 사이에는 테스트용 시험으로 여겨진다. 사법시험장의 분위기도 익히고, 자신의 공부

스타일 등을 체크해 보는 몸풀기 시험이란 뜻이다. 문제는 이 시험을 보고 나서 집사람이 태기를 느꼈다는 것이다. 늦봄쯤이었는데, 집사람이 어지러움을 호소해 병원에 데리고 갔더니 임신이라고 확인해 주었다. 선수가 게임을 앞두고 운동장에서 몸풀기용 준비체조를 한창 하고 있었는데, 배가 불러오며 진짜로 몸을 풀어야 하는 곤란한 상황이 발생한 것이었다.

억척이라고 할 수 밖에 없는 우리 집사람 덕분에 뱃속 우리 아가는 모차르트 음악과 함께 민법 총칙을 들으며 자랐다. 며느리의 사법시험 도전에 대해 드러내 놓고 반대하지는 않으셨지만, 기약 없는 수험생활에 걱정이셨던 아버지는 며느리의 '만삭 투혼'에 혀를 내두르실 수 밖에 없었던 것 같다. 오히려 걱정해 주시고, 격려해 주셨으니 임신이 수험생활에 전화위복이 된 셈이다.

1999년 1월 예쁜 사내아기를 낳자 마자 처갓집에 아이를 맡겨 두고 우리 집사람은 다음달 두 번째 1차 시험에 도전했다. 몸조리 대신 요약 노트를 암기했지만, 이번에도 낙방이었다. 이 때는 산모를 무리하게 시험장에 내보낸 나에게까지 양가로부터 힐난과 비난의 분위기가 있었다. 우리의 수험생활에서 가장 주변 분위기가 좋지 않았고, 물론 우리도 가장 힘들었던 때였다. 넌지시 그만 두는 편이 어떻겠는가? 아이도 있는데 언제까지 기약 없는 시험공부를 계속 하겠는가? 라는 이야기가 들려 왔다. 웬만하면 아들이 하는 일은 믿고 맡겨주시는데도 결과적으로 걱정을 끼쳐드린 셈이 되었다.

결혼한 후에 아내를 공부시키려는 남편과 공부를 결심한 아내는 미리 이런 상황을 염두에 두고 마음가짐을 가다듬을 필요가 있다. 어쨌든 공부를 시작하고 보니 항상 시간은 부족했고, 임신 같은 불의의 사건도 생겼다. 그렇다고 해서 시댁에서 며느리가 사법시험에 합격을 한 것도 아니고 공부를 시작했다는 것만으로 경조사나 명절에 열외를 시켜주는 것도 아니다. 당연 어려움이 있을 수 밖에 없었다. 없으면 도리어 이상한 것이다. 이때에는 남편의 역할이 중요하다.

남편은 자신의 집과 부인 사이에 친선 대사Ambassador의 역할을 해야 한다. 외교관의 언변이 필요하다. 거짓말은 신뢰를 깎아 먹기 때문에 장기적으로 손해다. 하지만 기분 좋은 친선의 말로 양측 사이에서 얼마든지 원하는 타협점을 찾을 수 있다. 물론 대부분의 경우 아들이 핑계를 댄다 해도 부모는 다 알고 있다. 단지 모르는 척

해 주시는 것이다. 따라서 친선대사인 남편이 나선다고 해서 시댁 일에서 완전히 빠질 수 있는 것은 아니다. 다만 상당 부분에 대해서는 양해를 구할 수 있다. 수험생활이 진행되면, 그리고 1차 시험에라도 합격하고 나면 훨씬 많은 이해를 받을 수 있게 되니 이것도 일부 시간이 해결해 준다고 할 수 있다.

물론 미혼이거나, 결혼했더라도 남자인 다른 많은 수험생들은 이런 류의 고민과 시간 소모 없이 공부를 할 수 있으니 결혼한 여자가 공부하기는 상대적으로 더 힘든 것이 사실이다. 집사람도 많은 어려움이 있었다. 그러나 다른 사람의 처지와 비교하는 것이 무슨 의미가 있겠는가? 어쨌든 우리는 결혼 후에 공부하려는 부인과 그 남편에 대한 이야기를 하고 있는 것이다. 결국 자신의 처지를 받아들이지 않는다면 극복할 수 없다는 것을 명심해야 한다. 자신보다 나은 처지의 사람과 자신을 비교해서 한탄하고 자신의 처지를 부정하는 것만으로는 아무 것도 이룰 수 없다.

아내가 시험 공부를 하고 있는 경우 집안이 정상적으로 돌아가기 어렵다는 것은 이미 말했지만, 그것은 모든 경우에 해당되는 말이다. 이를테면 휴일을 어떻게 보낼

지 같은 것도 문제가 된다. 아내가 공부를 하고 있지 않다면 당연히 가족이 함께 나들이를 가거나 오랜만에 늘어지게 낮잠을 자고 쉬며 하루를 보낼 것이다. 그러나 집에 수험생이 있는 경우에는 그것이 어려워진다. 나들이는 시간을 빼앗고 집에 남편이 종일 있으면 뒤치다꺼리가 피곤하기 때문이다. 내가 보기엔 모자란 데가 많다고 여겨지는 우리 집사람이 남편이란 아들과 비슷한 데가 많다고 얘기할 때마다, 나는 별 말을 다 듣는다고 생각하곤 한다. 그런데 그 말은 남편이 집에 종일 있으면 계속 먹을 것, 입을 것을 챙겨주고 신경을 써야 하니 시간과 노력이 들어가는 존재라는 면에서는 제 앞가림 못하는 어린 아들과 다를 바 없다는 뜻일 것이다.

그러니 나는 휴일에 종일 집에서 뒹굴기도 쉽지 않았다. 그래서 아들을 데리고 놀러 가거나 목욕탕에 가서 한 숨 자고 오기도 하고 친구들과 운동을 하러 가기도 하는 등으로 휴일의 시간 배분을 지혜롭게 할 필요가 있었다. 집사람은 내가 운동을 하러 가서 휴일을 다 보내고 저녁에 들어오면 항상 섭섭해 했지만 결과적으로는 공부에 도움이 되었을 것이다. 또한 사회 생활을 하다 보면 휴일 저녁에 직장 상사나 거래처 친구 가족끼리 만나서 외식을 해야 하는 경우도 있다. 이럴 땐 어쩔 수 없이 집사람의 시간을 빼앗아야만 했지만 그럴 경우에도 약속이 생긴 날에 미리, 밥은 어차피 안 먹을 수 없는 것이고 기분 전환을 위해 밖에서 먹는다고 여기면 크게 지장은 없을 거라고 잘 이해시킬 필요가 있다. 수험생이란 생각지도 않은 부분에서 예민하기 때문에 약속 당일에 갑자기 나가자고 하는 등으로 의외의 경우를 당하게 하는 것은 좋지 않기 때문이다.

8.
수험생의 진짜 보약

수험생활을 승리로 장식하기 위해서는 무엇보다도 선수가 강건해야 한다. 선수가 강하다는 것은 정신적으로나 육체적으로 주어진 역할을 수행하는데 아무런 지장이 없다는 것을 의미한다. 그래서인지 수험생들은 약을 많이 찾는다. 어디가 딱히 아픈 것도 아니지만 약을 먹는다. 보약이다. 그러나 진짜 보약은 따로 있다. 정신적으로 건강하기 위한 뚜렷한 목표의식과 그것을 뒷받침하는 남편의 애정이 그것이다.

수험생활은 본인 뿐만 아니라 배우자에게도 몹시 고통스럽다. 그렇기 때문에 성공하기 위해서는 뚜렷한 목표의식이 우선되어야 한다. 또한 험난한 수험생활의 와중에 부부의 사랑이 변치 말아야 한다. 나는 낯간지러운 부부간의 사랑의 필요성에 대해서 이야기하자는 것이 아니다. 냉정하게 말해서 부부간의 사랑은 아내가 시험에 합격할 때까지의 힘겨운 시간을 지탱해 주는 필수적인 요소라고 이야기하고 있는 것이다.

축구라면 팀 워크이고, 골프라면 승리하는 멘탈리티 Mentality 정도로 표현될 수 있을 것이다. 남편이 수험생인 경우는 좀 다를지도 모른다. 그러나 아내가 수험생이라면 문제는 훨씬 어렵고 많아지므로 목적의식과 사랑이 없다면 극복하기 어려울 것이다. 먼저 사랑에 대해서 말하자면, 영화에서나 나오는 대단한 사랑을 말하는 것은 아니다. 다만 나의 아내가 생에 대한 욕망이 있는, 나보다 열등하지 않은 존재라는 것을 잊지 않아야만 그 힘든 기간 동안 아내에게 상처 입히지 않고 버틸 수 있다는 것이다.

우리 집사람과 나는 대학에 다닐 때 학교 신문사에서 학생 기자로 만났다. 언어학과에 다니던 집사람과 정치학과에 다니던 나는 읽는 책과 먹는 음식, 심지어 좋아하는 술의 종류마저 서로 달랐고 그런 점에 끌렸는지는 모르지만 서로 만나자마자 몹시 좋아하게 되었다. 우리는 7년 동안 사귄 끝에 마침내 결혼했으며 연애할 동안 세상의 어떤 커플보다도 많은 대화를 나눴던 것 같다.

집사람은 세상을 보는 시각이 나와 전혀 달랐고 지금도 일치하지는 않는다. 그러나 우리는 사랑하는 마음을 피할 수 없었기 때문에 결국 결혼했던 것이다. 이런 과정이 있었기 때문에 나는 집사람의 꿈이나 욕망을 이해할 수 있었고 회사에 다니면서 힘겨워 하는 모습이 안타까웠다. 그래서 집사람이 회사를 그만 두겠다고 했을 때 앞으로 할 일에 대해서 함께 고민했고 그 고민의 결론으로 우여곡절이 있었지만 절대량만 공부하면 당락여부를 알 수 있는 시험이라는 제도를 선택했다.

회사생활 같은 사회생활은 비비고, 대립하고, 모함하고, 질투하는 많은 일들이 벌어진다. 그것에 비한다면 시험이라는 제도는 일단 그 시작에 있어서는 매우 간결하고 공정한 제도다. 이런 점들이 사회생활에서 몹시 지쳤던 집사람에게는 하나의 새로운 구원처럼 느껴졌던 것 같다. 아내가 수험생활을 한다는 것이 남편에게도 결코 쉬운 일은 아니기 때문에 공부에 지친 아내가 짜증을 낼 때 맞받아서 싸우고 싶었던 적도 여러 번 있었다. 그러나 결국 시험을 보는 것은 집사람이고, 자신을 이해해 주는 남편이 곁에 있다면 조금이라도 덜 힘들게 갈 수 있을 것이라고 생각했기 때문에 화를 낼 수 없었다. 지금은 집사람이 그때의 나의 태도를 고마워하고 있기 때문에 그런 일들은 내가 지금도 살아가면서 집사람에게 미안한 일을 했거나 면목이 서지 않으면 언제라도 꺼낼 수 있는 카드가 되었다.

목적의식에 관해서 말하자면 집사람이 시험공부를 하는 동안 이런 말을 한 적이 있다. 이 시험에 합격하는 것이 자신에게는 존재의 증명 같은 것이라고. 자신이 너무나 하찮게 여겨져서 힘들 때마다 집사람은 혼자서 그런 생각을 하며 견디었던 것 같다. 그것이 아마도 목적의식 같은 것이었으리라. 그런 생각이 강렬했기 때문에 집사람은 모든 어려움을 이기고 합격할 수 있었던 것이라고 생각한다. 뚜렷한 목적의식과 남편의 사랑은 부인의 합격에 필수적인 요소다. 진짜 보약이다.

대한민국의 남편들 중에서 아내에게 애정 표현을 하는 사람이 얼마나 될까? 별로 많지는 않을 것이다. 나 또한 경상도 집안의 장남이니 아내에게 살가운 말을 거의 하지 않는 편이다.

그러나 집사람은 나와 달리 나를 사랑한다든가 미워한다든가 하는 감정을 그때그때 표현하는 사람이어서 나를 당황하게 하기도 하고 행복하게 하기도 한다. 그런데 수험생활을 하면서는 심리적으로 불안정해서인지 나에게 자주 자신을 사랑하느냐고 묻곤 했다. 나로서는 당연한 것을 물어보고 말로 해야 한다고 생각하지 않았으므로 뭐 그런 걸 묻느냐는 반응을 보였지만 집사람은 절박해 보였고 그래서 태도를 바꾸게 되었다. 집사람이 물어 볼 때마다 그렇다고 대답하는 것은 물론이거니와 밤에 힘든 얼굴을 보게 되면 쓰다듬어 주면서 사랑한다고 말하게 된 것이다.

집사람은 내가 사랑한다고 말하면 어린아이처럼 기뻐한다. 그 말에 큰 힘을 얻는 것처럼 보인다. 그리고 나로서는 말하지 않아도 똑같다고 생각하지만 집사람이 어려울 때 도와줄 수 있다면 그런 말을 해도 남자의 체면이 깎이지는 않는 것이라고 생각한다. 사람은 다 비슷하므로 아내가 공부를 하는 집은 어느 집이라도 남편이 자주 아내에게 애정을 숨김 없이 표현하는 것이 좋다. 아내의 정신 건강을 위해서나 수험생활을 빨리 끝내기 위해서나 말이다.

취미를 같이 하는 것은 사랑의 구체적 표현이다. 집사람은 만화 보는 것을 즐긴다. 어릴 때부터 그랬다고 하는데 아들을 낳은 지금까지도 여전히 만화를 보며 울고 웃는다. 물론 집사람의 경우 수영 이외의 취미가 모조리 눈을 쓰는 것이긴 하지만 그 중에서도 만화는 유별나게 좋아한다. 자신의 생일선물로 나에게 중학생 때 보았던 만화전집을 구해달라고 할 정도이다.

이에 반해서 나는 그다지 만화를 즐기지 않는다. 특히 소녀 취향의 만화는 전혀 보지 않는다. 그렇지만 나도 집사람의 수험생활을 함께 하면서 바뀌어 갔다. 집사람은 일주일 내내 공부하고 토요일 오후만 쉬는 방식으로 공부했는데 휴식을 돕는 유일한 도구가 만화였다. 나도 휴일이 토요일이었는지라 종일 운동을 하는 날이 아니면 오후에 함께 만화를 빌리러 가서 둘이서 한 보따리씩을 안고 오곤 했다. 아내가 옆에서 소리 없이 눈물을 흘리기도 하고 키득대기도 하면서 오후 내내 만화를 보니 나 또한 낮잠을 자지 않는 한 마땅히 할 만한 다른 일이 없어서 함께 보기 시작했다. 그리고 집사람의 주장대로 만화는 어떤 만화든 인생의 진실을 담고 있다는 데까지 동의하는 것은 아니지만 꽤 재미있다는 생각을 하게 되었다. 이러다 저러다 만화는 결국 나의 취미생활의 일부가 된 것이다. 그래서인지 우리의 토요일 저녁은 평화로울 때가 많았다. 물론 지금은 집사람에게 내가 그 당시에 억지로 만화를 보며 당신을 위해 주느라고 고생 많이 했다고 말하지만. 어떤 일이든 어떤 순간이든 나름의 의미를 지니는 것 같다. 만화도 내게는 이제 의미 있는 사물이다.

육체적 건강을 위해서는 체력전을 돌파할 수 있는 면밀한 건강 체크가 우선시된다. 이런 체크는 대형 병원이 앞다투어 세일즈 하고 있는 건강검진 프로그램보다는 수험생 개인의 신체 특성에 맞춰 병원에서 의사의 진단을 받아보도록 권유하고 싶다. 왜냐하면 종합 병원의 건강검진이 너무 광범위하고 일반적인데 비해 수험생활을 시작하려는 아내들은 나이나 체력적으로 비교적 건강하기 때문이다. 우리 집사람의 경우 허리가 아픈 것이 약점이었기에 일반 건강진단은 한 번에 그친 반면 허리에 대해서는 이런 저런 의사를 찾아 다닌 적이 있다. 어떤 경우는 효과를 봤지만 어떤 경우는 별 효과가 없는 경우도 있었다. 하지만 심리적 안정이란 측면에선 효과 백 점이었다고 할 수 있다.

건강 검진에 이어 빼놓지 말아야 할 것이 건강 증진의 수단 즉, 글자 그대로의 보약이다. 대부분 건강한 사람들에겐 따로 보약이 필요 없다고 나는 믿는다. 그저 밥 잘 먹고 잠 잘 자면 된다고 생각한다. 하지만 수험생들에겐 좀 다른 것 같았다. 이 또한 보약 자체의 효과와 함께 내가 체력적으로 강하다는 자신감을 심어주는 효과가 있었다. 그러니 아내가 공부를 하고 있다면 아내 손을 잡고 한의원에 가는 것은 남편으로서는 꼭 해야 할 일 중의 하나라고 생각된다. 아내는 약이 주는 물질적, 심리적 효과와 남편의 사랑 때문에 훨씬 열심히 공부할 수 있게 될 것이다.

Part 3

다시 보는 29가지 성공법

1.

밥상부터 구조조정하라

부인을 공부시키려면 당장 가사노동의 부담부터 덜어줘야 한다. 가전제품의 발달로 인해 기계가 대신 할 수 있는 것들이 점차 늘어나고 있지만, 먹는 문제에 있어서 만큼은 집집마다 취향이 달라 아직도 많은 가사노동력이 소요된다. 적어도 부인이 공부하는 동안에는 밥상에 관심을 끊어야 한다. 여기서 말하는 구조조정의 의미는 불필요한 것들은 줄이거나 없애고, 노력이 들지 않아도 얻을 수 있는 것들로 대체하는 것을 의미한다. 음식을 만들고 차리고 먹고 나서 설거지 하는 과정이 대폭 줄어든다면 남는 시간만큼 공부에 투자할 수 있을 것이다. 역사적으로 봐도 대제국의 건설자들은 그들만의 밥상 혁명을 이루었다. 몽골의 말고기 육포는 대표적인 밥상 혁명의 사례다. 말고기 육포를 먹으며 수험생활은 할 수 없겠지만, 의식주에서 평소 소요되는 노력을 대폭 절감하지 않으면 새로운 도약을 위한 시간을 얻기란 매우 어렵다는 것이 체험에서 나온 결론이다.

2.
처제를 100% 활용하라

공부를 하려면 누군가의 도움을 얻어야 한다. 여기서 말하는 처제 100% 활용은 나의 경험을 일반화하여 말하는 것이지만, 아내를 공부시키려는 사람들은 각자 자신들의 조건에 맞춰 누군가로부터 도움을 얻어야 수험생활을 영위해 갈 수 있다. 사람은 모두 자기 힘으로 살아가는 것 같지만 시간이 지나고 돌아보면 이것 저것 각종 빚을 지고 살아왔음을 알게 된다. 한창 공부를 해야 할 나이가 지나서 새로 필요에 의해 다시 시작한 공부는 생활의 파열음을 동반한다. 이럴 때 누가 나서서 각종 생활의 문제를 풀어주면 그 무엇보다도 큰 원군을 얻는 것이 된다. 경제적 문제나 심리적 안정감의 측면에서 그 도움은 주변에 있는 가족으로부터 구하는 것이 가장 좋다. 최근 사회적으로 결혼하지 않는 젊은이들을 우려하는 목소리가 높아지고 있는데, 전 세계적인 미혼 추세에 대해 걱정만 하지 말고 그들을 어떻게 활용할지에 대해 고민해 보는 것도 필요하다고 생각한다. 활용이라고 하니 너무 기계적이고 타산적인 냄새가 나는데 이 책은 목적을 정해놓고 그 목적을 달성하기 위한 방법에 대해 이야기하고 있으므로 일단 인간적인 관계는 빼놓고 목적 달성에 도움이 얼마나 되느냐 하는 측면에서 판단하고 있음을 다시 한번 알려드리며 양해를 구한다.

3.
처갓집 근처로 이사하라

나이 들어서 해서는 안 되는 일 가운데 하나가 큰 집으로 이사 가는 것과 손자, 손녀 봐주는 것이라는 우스갯소리는 하도 오래 전 이야기라 이제는 재미도 없는 이야기다. 그러나 우리 사회가 일하는 여성을 위한 지원 제도를 아직도 제대로 갖추고 있지 않기 때문에 일하는 여성과 공부하는 여성을 지원하는 가정의 역할은 아직도 막중하다. 특히 결혼한 여성들에게는 친정의 역할이 크다. 현대 국가가 추구하는 복지국가 형태에 있어서도 가정의 역할은 결코 줄어들지 않는다. 정부가 복지 시스템에 투자하는 것보다 가정이 제대로 유지되도록 지원하는 것이 복지의 효율성 측면에서 훨씬 효과적이라는 점은 누구라도 동의하는 일이다. 과거에도 아동의 교육을 할아버지가 담당함으로써 아이를 키워본 경험이 뒷받침되는 고급 교육을 제공할 수 있었다.

나 또한 처갓집의 도움이 없었다면 집사람의 수험생활을 승인하기도 어려웠을 것이고 지속적으로 도와주기도 힘들었을 것임을 고백한다. 그러나 도움의 내용과 형태는 각자의 상황에 따라 조금씩 다를 것으로 생각한다. 수험생활 도중 생각지도 않게 찾아온 임신으로 인해 아내의 배가 남산만해지자 한때 나는 수험생활의 포기를 심각하게 고민해 본 적도 있다. 이 세상에 집사람과 나만 있었다면 아마 우리는 수험생활을 포기했을 것이다. 이는 전혀 극단적인 가정이 아니다. 부부가 함께 유학생활을 하다 임신으로 아내가 학업을 포기하는 경우는 별로 힘들지 않게 찾아볼 수 있는 사례다. 국가의 발전을 위해 할머니, 할아버지들이 우리 아내들의 공부에 즐겁게 동참할 수 있도록 우리 사회도 필요한 조치를 취해야 할 때다.

4.
청소 안 된 집에 적응하라

목 마른 사람이 우물을 판다고 했다. 부인이 공부를 시작하면 청소 정도는 남편이 해야 할 일의 최소한에 해당한다. 하지만 남편 또한 노는 사람이 아니다. 그렇다면 청소를 누가 해야 할지를 두고 신경전을 벌이기 보다는 과감하게 청소 포기를 선언하는 편이 어떨까. 나의 경우에는 포기하고 나서 마음을 비우니 오히려 즐겁게 청소를 하게 되었다. 내가 일찍 귀가하는 날이나 휴일이면 으레 밀린 청소며 빨래를 하게 되었는데 청소를 일이라고 생각하면 힘들고 지치지만 즐거운 오락이라고 여기면 힘듬이 다소간 덜어지는 것도 겪어보면 느끼게 된다 신기한 일이다.

청소가 이뤄지지 않은 집, 다려지지 않은 와이셔츠 뭐 이런 것들은 경제학적인 개념으로 보면 기회비용에 해당한다고 생각하면 된다. 기회비용이란 하나를 선택하고 포기한 나머지 대안 가운데 가장 좋은 대안의 값어치를 말한다. 공부가 당장 돈이 되는 것은 아니지만 청소하는 시간에 법전을 한 글자라도 더 보는 것과 법전을 볼 시간에 청소를 하는 것 어느 편이 기회비용 측면에서 타당한지는 굳이 설명하지 않아도 될 것이다.

당연히 나의 경우에도 집 사람이 청소하는 것보다는 공부를 하는 것이 기회비용을 낮추는 일이고 경제적으로 타당한 일이라고 여겼기에 기꺼이 청소 정도는 포기하고 살았던 것이다. 사실 집 사람이 가사에 별 소질이 없어서 하더라도 내가 하는 편이 훨씬 나았던 것도 나의 판단을 부추겼다. 전업주부의 노동을 폄하하는 것은 절대 아니지만, 남자든 여자든 각자 자신이 가장 잘 할 수 있는 일을 한다면 기회비용이 낮은 선택은 얼마든지 할 수 있다고 생각한다.

5.
집안에 손님을 들이지 마라

사람 사는 집에 손님을 들이지 않는다니. 참으로 해괴한 이야기다. 하지만 집에 수험생이 있다면 특히 그 수험생이 부인이라면 별로 이상할 것이 없는 주장이다. 과거 우리 부인네들의 주된 업무는 접빈객 봉제사接賓客 奉祭祀 였다. 다시 말해 손님 치르고 제사 지내는 것이 부인들의 임무였던 것이다. 오늘날 제사는 여러 형태로 합리화되었고, 전통 유교적 사고에서는 효의 핵심적 의식이므로 이 자리에서 쉽게 언급할 문제가 아니다. 다만 손님 치르는 문제에 있어서는 부인의 어깨를 가볍게 해 줄 일이 얼마든지 있다고 생각한다.

가장 손님 문제로 골치를 썩이는 기간은 아무래도 추석과 구정 같은 명절이 아닌가 싶다. 이럴 때는 아예 집을 비우는 방식으로 손님 치르는 문제를 해결할 수 있다. 정확히는 해결이라기보다는 피한다는 것이 옳을 것 같다. 부인이 공부하는 동안만이라도 손님으로 인한 시간 낭비에서 벗어나도록 해 줘야 한다. 그것이 공부하는 부인을 외조하는 남편의 도리다.

6.
밖에서 사 먹을 수 있는 것은 집 안에서 구하지 마라

식습관의 변화와 식품산업의 발전에 따라 밖에서만 먹을 수 있는 음식과 그렇지 않은 음식의 구분이 모호해졌다. 필자가 어렸을 때는 스파게티 같은 것은 레스토랑에 가야만 구경할 수 있는 음식이었지만 요즘은 기분 내키면 집에서 만드는 요리가 되었다. 재료는 슈퍼마켓에 있고, 조리 방법은 인터넷에 나와 있으니 별로 어려움이 없다. 반면 과거에는 늘 집에서 먹었지만 이제는 솜씨 좋은 식당에 가야 그 때 그 맛이 나는 것들도 있다. 주로 우리 한식메뉴 가운데 그런 것들이 많은데 나한테는 갈치조림이나 식혜 같은 것이 그런 것들이다.

세월이 변하면 사정도 다 변하는 것은 사람이나 음식의 팔자나 마찬가지인 것 같다. 어쨌든 아내가 공부를 시작하면 까다로운 입맛 같은 것은 창고에 넣어 두고 슈퍼마켓에서 사 먹을 수 있는 것은 철저하게 외부에서 조달한다는 생각으로 임해야 성공할 수 있다. 고령사회와 함께 혼자서 먹을 수 있게 조리된 음식의 가짓수가 과거보다 훨씬 더 많아지고 있어 생각만 바꾸면 별로 어렵지 않게 이런 원칙을 실천할 수 있다.

7.
잠자리를 편하게 고쳐라

수험생활을 위해 필요한 가구와 기구에 관한 문제다. 특히 편하게 잠잔다는 것은 수험생활의 질을 높여줄 수 있는 가장 중요한 문제에 해당한다. 장시간 앉아 있어야 하는 수험생활의 특성상 허리와 피가 몰린 다리의 피로를 풀어줄 수 있는 자신만의 수면법을 개발하고, 이를 위해 적절하게 침구 등을 배치할 필요가 있다. 잠자리가 편하면 수험생활을 잘 할 수 있다는 것은 누구라도 생각해 볼 수 있는 문제다.

그러나 정작 수험생 당사자는 바쁜 생활로 인해 실천을 하지 못하고 수험생활을 이어갈 수 밖에 없다는 점을 고려해야 한다. 외조에 나선 남편만이 사랑하는 수험생을 위해 침대까지 세세하게 신경을 써줄 수 있는 것이다. 잠자리가 중요하다는 것을 알면서도 외조에 나선 남편이 별다른 관심을 기울이지 않는다면 그것은 스스로 수험생활을 실패로 이끌고 있는 것임을 알아야 한다. 잠자리에 신경을 쓸 수 있는 남편이라면 공부하는 아내를 위해 다른 어떤 것도 기꺼이 신경 써 줄 것이다.

8.

TV를 치워라

우리 집사람이 수험생활을 시작한 것은 1997년 즉 20세기 일이었다. TV를 치우라는 이 대목은 초판에 들어있었던 항목인데 요즘 기준으로 보면 다소간 시간 차이가 느껴지는 대목이다. 그때만 해도 TV와 데스크탑 컴퓨터 외에 집 안에 정보통신 기기가 없었기 때문이다. 여기서 TV를 치우라는 이야기는 책이나 공부를 위한 기계 사용 이외에 수험생의 정신을 혼란스럽게 만드는 TV 같은 것은 멀리하라는 말이었다.

그러나 시간이 흘러 TV가 아니라도 우리의 눈과 귀를 즐겁게 하는 정보통신기기가 많아졌고 이것들은 고스란히 수험생의 적이 되고 있다. 요새 기준이라면 스마트폰이나 태블릿 PC를 멀리하라 정도라고 할까. 특히 PC나 스마트폰을 이용한 게임의 중독성은 이루 말할 수가 없어서 성인 아이 할 것 없이 무방비로 노출된 상태에 놓여있는 경우가 많다. 수험생을 외조해야 하는 입장에서는 특히 신경 써야 할 대목이다.

9.
스스로 선택한 일임을 주지시켜라

공부는 낭만적이거나 재미있는 일이 아니다. 인생 어느 대목도 쉽게 낭만적일 수는 없겠지만 특히 공부는 낭만이나 재미와는 거리가 멀다. 고되고 재미없는 일을 하고 있으면 누구라도 하루 열두 번은 더 회의하고 때려치우게 된다. 이럴 때마다 부부는 모여서 작전회의를 해야 한다. 작전 회의는 주로 잠자리에서 이뤄지는 경우가 많다. 외조에 나선 남편의 경우 이럴 때 재미없고 힘든 공부를 이미 하기로 했으니 반드시 마쳐야 한다는 식의 당위론을 가지고 접근하면 공부에 지쳐 도망갈 궁리만 하는 부인과의 말싸움에서 패배하기 십상이다.

이미 세상은 쾌락주의에 굴복했다. 힘든 것을 강요하면 반발만 살 뿐이다. 수험생활이 지속될 수 있는 이유는 그것이 스스로 선택한 일이기 때문이다. 등산가가 그 힘든 산행을 마다하지 않는 것도 스스로 원했던 일이기 때문이다. 결코 거기에 산이 있어서가 아니다. 부인에게 진정 원하는 것이 무엇인지 묻고 또 물어 보아야 한다.

처음에는 이런 저런 이야기를 하더라도 결국 수험생활의 주인공인 부인이 스스로 원해서 시작한 일이라는 것이 분명해 질 것이다. 대화 중에 그 대목이 나오면 대략 이야기를 마치고 내일을 기약하면 된다. 이야기의 결론이 그렇게 나면 다른 어려움들은 모두 극복해야 할 대상이 되지 결코 공부를 중단시키는 이유는 되지 않기 때문이다.

10.
공부를 위한 시설에 투자하라

모든 일에 준비가 필요하겠지만 인생을 바꿀 각오로 하는 수험생활이라면 제대로 된 준비를 하는 것이 당연할 것이다. 아내가 수험생활을 하기로 결정했다면 우선은 공부를 할 수 있는 제대로 된 환경을 마련해 주어야 한다. 집에다가 각종 시설을 설치해도 좋고 여의치 않다면 독서실을 이용해도 좋을 것이다. 다만, 독서실만을 이용하겠다고 하는 경우에는 다소 비싸더라도 집에서는 공부를 하지 않아도 될 만큼 충분한 시간을 공부하면서 보낼 수 있는 제대로 된 시설을 갖춘 독서실을 골라야 한다.

집에다가 각종 시설을 설치하는 경우에도 신경 쓸 점이 있다. 아내는 성공이 보장되지도 않는 자기의 일에 돈을 들이는 것인 만큼 소극적일 가능성이 높기 때문이다. 따라서 남편이 적극적으로 투자에 나서라는 것이다. 보다 편안하고 능률적으로 공부할 수 있는 환경을 조성하는 것은 초기에 하지 않으면 안 된다. 익숙해진 환경을 특정한 어려움 때문에 중간에 바꾸게 되면 적응에 또 시간과 에너지가 필요하기 때문이다. 그러므로 큰마음 먹고 과감하게 투자하라. 투자비용이 커지면 꼭 합격하겠다는 아내의 책임감도 비례해서 늘어날지도 모르는 일 아닌가.

11.
공부와 관련된 헛소문에 주눅들지 마라

모든 시험에는 고유한 전설이 있게 마련이다. 시험의 난이도가 높을수록 전설의 비현실성도 커지지만 어떤 시험을 선택하든 넘어서야 할 전설이 있다는 것을 일단 명심하자. 속내를 살펴보면 대부분이 과장이거나 헛소문이지만 초심자의 경우에는 간단히 넘기기 어려울 수도 있다. 그렇다고 지레 겁을 먹어야 하는가? 당신이라면 어떻게 하겠는가? 배짱을 두둑이 가지고 "남들의 경우가 나하고 무슨 상관인가. 나는 나의 고유한 길을 갈 뿐이다" 라는 자세를 취할 수 있다면 당신은 성공 가능성이 높다고 말할 수 있다.

실제로도 그러한 것이 공부를 시작하는 아내는 체력도 지력도 환경도 모두 다른 사람과는 다를 것이므로 전설화된 일반론에 주눅 들 필요는 없다. 중요한 것은 나 자신, 나의 자세, 나의 능력, 나의 의지인 것이다.

신림동에서 고시 준비를 하다보면 학력고사 수석이네 대학 수석 졸업생이네 하는 많은 전설 같은 인물들이 의외로 시험 준비에 고생하는 것을 볼 수 있다. 반면 인간성 좋으면서 술자리에도 스스럼 없이 어울리는 털털한 성격의 고시생이 별 어려움 없이 난관을 헤쳐 최종 합격의 영광을 차지하는 경우를 보게 된다. 요점은 까다롭게 굴던 털털하게 굴던 시험은 본인이 어떻게 하느냐에 달려 있지 결코 조건에 따라 좌우되거나 주위의 시선과는 상관 없다는 점이다.

12.
일요일엔 부부가 함께 시험정보 취득에 나서라

갈수록 정보전쟁이라고 할 만큼 정보의 중요성이 커지고 있다. 동시에 어떤 것이 유용한 정보인지를 거를 수 있는 능력도 점점 중요해지고 있다. 한 마디로 정보라고 주장하는 쓰레기는 차고 넘치는 반면, 정작 유용한 정보는 점차 사라져가고 있는 실정이다. 시험에 대비할 경우도 마찬가지이다. 아내가 시험에 도전할 경우 그 시험만의 고유한 특성에 대해 파악해야 한다. 최근 문제의 경향은 물론이고 매해 변화의 추이를 포함, 상세한 정보를 일단 갖추는 것이 필요하다.

무턱대고 모든 교재를 처음부터 끝까지 동일한 강도

로 외울 수 있다고 해도 — 그렇게 하기도 불가능에 가깝지만 — 어떤 식으로 써야 득점의 포인트가 되는지를 모른다면 아까운 고생하느라 시간과 에너지를 낭비하는 셈이기 때문이다.

물론 정보를 모으다 보면 오보도 많이 있다는 것을 수험생활을 진행하면서 차차 알게 된다. 또한 어느 정도의 시간이 지나면 스스로의 경험에서 알게 된 사실들이야말로 가장 중요한 정보 구실을 하게 되므로 수험생활 내내 동일한 에너지를 정보 취득에 쏟아 부어야 하는 것은 아니다. 다만 수험생활을 시작하는 초기에 막막한 상태에서 힘들어 하는 아내를 위해 남편이 시간이 빌 때 함께 정보취득을 위해 노력하라는 뜻이다.

공부하는 것 자체는 아내가 혼자서 한다고 해도 그 외에 남편이 함께 함으로써 도움이 되는 것은 무엇이든 적극 조력하는 것이 옳다. 아내의 인생이 바뀐다는 것은 함께 사는 남편의 인생도 바뀐다는 뜻이기도 하기에 아내의 고단한 수험여정은 남편도 함께 걸어 가야 할 길이 되는 것이다.

13.
공부하기 쉬운 곳으로 이사하라

시험마다 장소적인 의미에서의 중심지가 있다. 대학 부근일 수도 있고 학원이나 고시원 밀집지역일 수도 있다. 중심지역에 들어가는 것은 가장 최신의 트렌드를 접하기 쉽고 가장 인기 있는 강의를 들을 수 있으며 같은 시험을 준비하는 사람들과의 교류로 덜 힘들게 수험 기간을 보낼 수 있다는 장점이 있다.

따라서 어떤 방식으로든 일주일에 어느 정도로는 중심지로의 출퇴근이 필요해지는데 집이 중심지 부근이 아니라면 출퇴근에 상당한 시간과 금전이 소요된다. 집이 처음부터 중심지 부근이라면 금상첨화일 것이다. 그렇지 않다면 이사를 심각하게 고려해 볼 필요가 있다. 어차피 수험생활은 일년 이내의 단기간에 끝나는 것이 아니기 때문에 최소한 2년이라는 생각으로 장기전을 각오하고 중심지 부근에 전셋집을 구하는 것이 좋다. 아내가 새로운 환경에서 마음을 일신하여 수험생활에 임하게 되는 효과도 있고, 무엇보다 공부하러 다니면서 길에 낭비되는 시간과 에너지를 획기적으로 줄일 수 있다는 장점이 있기 때문이다.

2012년 런던 올림픽을 앞두고 한국 선수단은 경기장 부근 대학 기숙사와 체육관을 통으로 빌려 올림픽 준비를 했고 그 결과 좋은 성적을 낼 수 있었다. 시험을 위해서라면 과감한 결정도 마다 않는 적극적 정신이 있어야 성과를 거둘 수 있다.

14.
적당히 늦게 퇴근하라

'삼식이'. 집에서 하루 세끼를 다 챙겨먹는 남자를 비하하는 말이다. 요새는 간 큰 남자의 또 다른 이름이기도 하다. 이런 이야기들이 떠돌고 있는 배경에는 그만큼 집에서 하루 세끼 준비해서 차려내는 일이 어렵다는 주부들 간의 공감대가 깔려 있다. 집안일을 해 본 적이 없는 사람들은 모르지만, 품이 많이 들면서도 일한 표가 안 나기로는 인간이 하는 여러 가지 일 중에서 수위를 다투는 일이 집안일이라고 해도 과언이 아니라는 것이 집안일 해본 사람들 — 주로 여자들 — 의 공통된 의견이다. 수험생활을 한다고는 해도 결혼한 아내가 집안일에서 완전히 손을

뗄 수는 없을 것이다. 주위에서 아무리 도와준다고는 해도 최소한의 일은 아내가 처리할 수 밖에 없다. 그렇다고 집에서 저녁을 차려줄 것까지 요구해서는 곤란하다. 아내가 수험생활을 하고 있는 동안에는 남편은 야근을 할 경우에는 그런대로, 그렇지 않더라도 바깥 일을 마치고 간단하게 저녁을 먹고 들어오는 습관을 들이는 것이 좋다. 과음하고 새벽에 들어와 하루분의 공부를 마치고 곤히 자는 아내를 깨우는 것도 피해야 함은 물론이다. 그래서 '적당히 늦게'라는 것이다. 아내가 은연중에 요구하는 퇴근 시간이 생길 것이다. 하루분의 공부를 마친 아내가 이 시각쯤에는 남편이 곁에 있어 주었으면 할 때가 바로 그 때이다. 그 때에 귀가하는 것이 물론 가장 좋을 것이겠지만 그렇지는 못하더라도 최소한 아내의 공부를 방해하는 귀가 시간은 피해야 한다. 약속도 없이 밖에서 저녁을 때워야 하는 경우도 물론 있을 것이다. 그러나 처량한 마음이 든다고 해서 어쩌겠는가. 원하는 일을 이루기 위해서는 어떤 형식으로든 희생이 필요하다. 아내의 합격을 위해서 남편이 치러야 할 희생이라고 생각하고 담담히 감내하자. 그리고 때로는 가족들에 대한 부담 없이 저녁약속을 할 수 있다는 편안함도 덤으로 주어질 것이다.

15.
남편은 운전기사가 되어라

앞에서 시험의 중심지로 이사하는 것이 좋다는 이야기를 했다. 이번 단락은 어떤 사정으로든 결국 이사를 못했을 경우의 이야기이다. 이사한다는 것이 쉬운 일은 아니므로 이사를 못했을 경우의 차선책도 마련해 두어야 하는 것이다. 시험의 중심지로 걸어서 다닐 수 있는 거리에 살고 있지 않은 경우 결국 교통수단을 이용한 출퇴근을 할 수 밖에 없다. 이럴 때 남편이 운전기사가 되어주라는 것이다. 아내가 공부를 마치는 시각에 남편의 퇴근 시간을 늘 맞추기는 어렵겠지만 최소한 출근 시간은 아내를 중심지에 데려다 주고 출근하는 것이 좋다.

아침부터 대중교통에 시달리면서 공부하러 가면 쉽게 피로해질 것이다. 또한 늘 바뀌는 출근환경 때문에 예측하지 못한 기분 나쁜 경험을 하게 될 수도 있다. 이런 요소들은 모두 공부에 방해가 되는 것들이다. 잠을 조금 줄이더라도 하루의 공부를 평온하게 시작할 수 있도록 아내를 데려다 주는 습관을 들이자.

함께 하는 출근길에 자연스럽게 이런저런 대화를 나눌 수도 있다. 아내는 고마움을 느껴서 더 열심히 공부할지도 모른다. 유난을 떤다고 생각할지도 모르겠다. 그러나 미국에서 아이를 스쿨 버스에 태우지 않고 굳이 승용차에 태워 등교시키는 유대인 엄마들의 극성이나 요새도 강남의 중, 고등학교 앞에 차들로 장사진을 치는 우리 엄마들의 극성을 생각해보면 별로 새로운 일도 아니다.

16.
휴일에도 아내에게 의존할 생각은 하지 마라

일주일 내내 일하고 나면 휴일엔 그저 결혼하기 이전 부모님이 보살펴 주시던 시절처럼 나만을 위한 시간을 보내고 싶어지는 것이 사실이다. 푹 자고 먹고 싶은 걸 먹고 못 만난 친구도 만나고 뒹굴고 싶어지는 것이다. 그러나 이렇게 휴일을 보내기 위해서는 누군가의 보살핌이 필요하다. 집안일에 신경을 쓰지 않고 푹 쉬고 요리를 하지도 않으면서 먹고 싶은 것을 먹는다는 것 자체가 대신 일해 줄 누군가를 전제하고 있는 것이다.

예전에는 어머니가 해 주셨다면 결혼한 이후에는 아내가 해주었을 것이다. 그러나 아내가 수험생활을 시작했다면 휴일에 아내를 부려서 편히 쉴 생각은 하지 않는 것이 좋다. 수험생활로 인한 피로는 남편보다 컸으면 컸지 절대로 못하지 않기 때문에 평일에는 공부를 하고 휴일에는 나를 위해 일해 달라는 식의 자세를 가지고 있다가는 아내와 트러블이 생기지 않을 수 없다. 아내 이외에 누군가 집안일을 돌봐줄 사람이 있다면 모르겠지만 그렇지 않다면 기본적으로 최소한의 가사노동을 하고도 집안이 유지될 수 있도록 생활해야 할 것이며 부부 상호간에 내 일은 전부 내가 스스로 처리한다는 자세로 임하는 것이 좋다.

수험생활에 돌입한다는 것은 비상사태를 맞이한다는 것이다. 일상적인 상황이 아닌 것이다. 결심하고 비상사태에 돌입한 이상 몇 년 간은 불편을 감당하는 수 밖에 없다. 꾀부리지 않고 묵묵히 어려움을 감당해야만 원하는 결과를 맞을 수 있다는 것을 항상 명심하자.

17.
시댁에 아내를 이해시켜라

결혼한 여자가 공부를 시작하는 데에는 많은 어려움이 있지만 그 중에서도 시댁과의 관계는 조심스럽다. 시댁 어른들 입장에서는 며느리가 새로 수험생활을 시작한다는 사실이 이해하기가 어려울 것이다. 당신들의 아들이 수험생활을 시작한다고 해도 선뜻 내켜 하기 어려울지도 모르는데 하물며 며느리가 집안일을 돌보지 않고 아들을 고생시켜 가면서 어려운 시험에 도전하겠다니 그 마음이 편치 않으실 가능성이 높다.

때문에 아내와 시댁 어른들이 직접 이 문제를 풀어가도록 두어서는 안 된다. 남편이 적극적으로 나서주어야 하는 것이다. 물론 아내의 입장만을 설명하면서 역성드는 것으로 비춰져서는 곤란하다. 부모님은 황당함에 서운함까지 느끼게 되기 때문이다. 그렇게 하기 보다는 아내가 공부를 하는 것이 남편에게는 장기적으로 어떤 도움이 되는지를 잘 설명하는 것이 필요하다. 아내가 무난히 합격할 수 있을 만큼의 역량을 갖추고 있으며 수험생활을 시작하기로 한 것은 부부 공동의 결정이었음도 알려야 한다. 끝내 흔쾌하게 동의해 주시지 않는 경우라 해도 그렇다고 해서 중단할 수는 없다. 어떻게든 수험생활이 빨리 끝날 수 있도록 최선을 다하는 수 밖에 없다. 결과를 보여드리면 부모님의 마음도 반드시 변하게 되어 있다. 이래저래 아내가 반드시 합격해야만 하는 이유가 늘어나는 셈이다.

18.
명절, 휴일, 휴가를 잊어라

수험생활의 법칙이 있다. 수험생활이 고통스럽기 때문에 그 고통의 강도를 줄이려고 하는 경우에는 반드시 고통스러운 기간이 늘어난다는 법칙이다. 수험생활을 하고는 있지만 명절, 휴일, 휴가는 제대로 찾아서 챙기면서 잠시라도 수험생활의 고통을 잊으려고 하는 경우에는 그만큼 수험기간이 늘어난다는 것을 잊어서는 안 된다. 수험기간이 늘어날수록 수험생은 지치고 힘들어진다. 합격의 가능성도 그만큼 낮아질 수 밖에 없다. 결국 고통 받는 기간이 늘어나면서 수험기간의 종료가 행복한 합격으로 인한 것이 아니라 절망스러운 포기로 인한 것일 수도 있게 된다는 말이다.

이것은 정말 곤란하지 않은가? 수험생활을 시작하지 않은 것만도 못할 수가 있다. 물론 모든 시간이 나름의 의미를 가지므로 포기로 종료된다고 하더라도 고통스러운 수험기간에서 지식의 양이 늘어난다거나 다른 데서 맛볼 수 없는 고통을 겪으면서 성숙할 수는 있을 것이다. 그러나 이것은 정말 비참한 성숙이 아니겠는가? 결국 수험생활을 시작하면서 무엇보다 피해야 할 것은 누가 뭐래도 포기로 인한 수험기간 종료일 것이다. 그렇게 되지 않기 위해서는 수험생활의 고통을 묵묵히 받아들여야 한다. 명절, 휴일, 휴가 같은 단어는 몇 년 간은 없다고 마음먹어야 한다. 비상한 각오로 임하지 않으면 결혼한 여자가 공부를 통해서 인생을 바꿀 수는 없기 때문이다.

19.
아내를 사랑하라

요즘 같은 시대에 부부는 사랑해서 결혼했다고 보는 것이 대체로 맞는 말일 것이다. 사랑이 무엇인지에 대해서 관념적으로 논할 생각은 없지만 최소한 상대방이 자신의 인생을 후회 없이 힘껏 살아가도록 도와주는 것이 사랑이라는 말을 하려고 한다. 나의 부인이 현재 집에서 가사를 전담하고 있건, 직장에 다니건, 그 중간 형태이건 간에 한 사람의 인격체로서 자신만의 인생을 가지고 있으며 원하는 삶의 모습이 있을 것이라는 사실을 인정하고 잊지 말라는 것이다. 남편인 내가 편안하게 사회생활을 할 수 있도록, 집안에 신경 쓰지 않을 수 있도록 건사해주는 사람이 부인인 것은 아니다. 부인이 스스로의 의지로 그렇게 해주는 것은 고마운 일이지만 남편이 그것을 당연시하는 것은 곤란하다는 뜻이다.

부인이 무엇을 원하는지, 인생에서 무엇을 이루고 싶은지 과연 당신은 알고 있는가? 진지하게 부인과 이야기해 보라. 그리고 부인이 원하는 인생을 살 수 있도록 최대한의 협조를 하겠다고 진심으로 말하라. 부인은 세상에서 가장 든든한 원군을 발견하고 뛸 듯이 기뻐할 것이다. 부인이 결국 꿈을 이루건 못 이루건 그 결과보다는 남편의 지지와 지원 속에 꿈을 추구할 수 있다는 사실 자체가 부인의 인생을 충만하게 만들어 줄 것이다. 그리고 그것이 아내를 사랑하는 것이다.

20.
남편의 취미를 아내에게 맞춰라

취미가 같은 부부는 행복하다. 수험생활을 버텨나가기에도 다른 부부들보다 유리할 것이다. 그러나 그렇지 않은 경우라도 아내가 수험생활을 하는 동안에는 남편의 취미를 아내 위주로 개편할 필요가 있다.

수험생활은 정신과 체력의 소진으로 진행된다. 체력이 달리기 때문에 능률이란 측면에서 보면 일주일 내내 공부만을 할 수는 없다. 수험생도 일주일 중의 특정한 시간에는 휴식을 취해야 할 것이다. 아무 생각 없이 자는 것도 좋지만 그 시간에 좋아하는 일을 하면서 보낸다면 다시 맞아야 할 공부시간을 위해서 더할 나위 없는 충전이 될 것이다. 취미활동이라는 것이 혼자서 할 수 있는 것도 있지만 파트너가 필요할 수도 있다. 파트너가 필요한 경우에는 파트너가 되어주고 혼자서 할 수 있는 취미라도 함께 해주는 것이 좋다. 취미생활을 함께 하면서 생겨나는 친밀감은 평소의 일상생활을 함께 하는 것과는 또 다른 종류이다. 좋지 않은가. 아내와 여러 가지 종류의 친밀감을 가질 수 있다는 것은.

아내도 마찬가지일 것이다. 남편과 취미를 함께 하면서 느낀 친밀감이 힘든 시간을 버티는 또 하나의 든든한 받침대가 되어 줄 것이다. 게다가 수험생활이 끝나고 나서도 취미를 함께 하면서 보낸 시간에 대한 기억은 영원할 것이다. 아내의 수험생활이라는 힘겨운 시간을 통해서 다른 경우라면 가질 수 없었던 소중한 선물을 받는 셈이다.

21.
재미있는 유머를 기억하라

아내가 풀 죽어 보이거나 무거운 얼굴을 하고 있을 때 전혀 맥락에 맞지 않는 우스갯소리로 아내의 기분을 전환시키기 위해 애써보자. 사회생활을 하다가 알게 된 재미있는 이야기를 기억했다가 아내에게 들려주자. 개그콘서트에 나오는 사람들처럼 재미있을 필요는 없다. 다만 수험생활의 중압감에 찌들려 피로한 아내의 심신을 항상 염려하고 있다는 점이 전달되면 되는 것이다. 남편 중에 몇 명이나 천부적인 유머감각을 가지고 있겠는가. 그런 관점에서라면 어차피 그다지 웃기지 않을 것이 분명하다.

하지만 부부 사이의 유머는 일종의 코드다. 남편은 두 사람 만의 역사 속에서 나온 고유한 소재나 주제로 부인을 웃길 수 있는 것이다. 남편이 우스갯소리를 하며 분위기를 풀어주고 있으면 부인은 그만큼 돌아 가는 일에 여유가 있다고 여겨 안심하게 된다. 긍정적인 에너지의 상승작용이 생기는 것이다.

반면 남편이 얼굴을 찡그리고 있으면 가뜩이나 힘든 부인은 더욱 힘들어지게 된다. 서로 기분이 나쁘니 좋은 이야기나 결말을 짓기가 어렵다. 외국에는 가전제품 표면에 카메라를 내장해 이 제품에 접근해 사용하는 사람이 얼굴을 찡그리고 있으면 경고등이 켜지는 제품을 만들었다고 하는 소식을 들었다. 가전제품까지 갈 것 없이 부부가 서로의 얼굴을 살펴 찡그리고 있으면 항상 주의를 주자. 스마일은 즐거워서가 아니라 즐겁기 위한 필수 전제조건이다.

22.
아내에게 적극적으로 애정표현을 하라

말을 하지 않는다고 사랑하지 않는 것은 아니지만 대부분의 남편은 결혼한 이후에는 사랑한다는 말을 하지 않게 되는 것 같다. 하지만 말을 하고 안하고는 그렇게 단순한 문제가 아니다. 마음가짐에 있어 큰 차이를 보여준다. 또한 일의 결과에 있어서도 막대한 영향을 미친다. 표현되지 않는 사랑은 사랑이 아니라는 주장도 더 이상 과감한 것이 아니다.

경제적으로 어렵고, 육체적, 정신적으로 고달픈 수험생활에서 부부의 정이 없다면 이것은 오아시스 없는 사막과 같은 일이 되고 만다. 당연히 오래 버틸 수 없다.

이럴 때 남편이 건네는 따스한 애정의 말 한 마디는 그 자체로 돈이 되는 것도, 문제 하나를 더 풀 수 있는 지식이 되는 것도 아니지만 정신적인 영향 면에서는 그 어떤 것도 이보다 강력할 수 없다. 말 한마디로 천냥 빚을 갚는다는 구태의연한 표현을 사용하지 않더라도 표현의 힘은 우리 일상에서 얼마든지 그 존재를 증명한다.

쉬는 시간마다 선수를 다그치는 감독과 선수들을 따스하게 격려하는 감독 가운데 어느 쪽이 더 좋은 성적을 거둘지는 독자들의 상상에 맡긴다. 이런 단순한 것조차 제대로 이행하지 못하는 남편들이 우리 주변에는 의외로 많다.

23.
정기적으로 아내와 술집에 가라

결혼을 한 이후에 공부를 해서 인생을 바꾸겠다고 생각할 정도의 아내라면 아마도 간단치 않은 지적 능력을 갖추고 있을 가능성이 높다. 다시 말해 남편에게 말 한마디라도 쉽게 지는 법이 없고, 남편은 이런 부인에게 절절맬 가능성이 클 것이다. 부인의 연애시절에는 남편과 동등한 생활을 하면서 학교 친구건 사회 친구건 대외적인 사교관계도 많이 있었을 것이다. 요컨대 남자와 다를 바 없이 학교생활이든, 사회생활을 했을 것이라는 의미다.

그렇지만 결혼을 하고 집에서 가사를 돌보는 주부의

경우 우리 사회에서 현실적으로 결혼 이전의 라이프 스타일을 유지하기는 어렵다. 이 점이 결혼한 여자와 결혼한 남자의 가장 큰 차이이기도 하다. 그렇다면 당연히 아내는 가끔 편안하게 술을 마시면서 수다를 떨거나 고민을 토로할 자리가 그리워진다. 수험생활로 스트레스가 쌓이는 경우라면 그런 술자리의 필요성은 더 커질 가능성이 높다. 물론 아내가 술을 못 마시는 사람일 수도 있다. 그럴 때는 차를 마시면서 편안하게 이야기할 수 있으면 된다.

요는 아내가 수험생활로 인해 부딪치는 스트레스를 정기적으로 해소할 수 있는 계기를 남편이 마련해 주어야 한다는 이야기이다. 불안하고 억눌린 감정 상태로 수험생활을 하는 아내에게 가장 힘이 돼 줄 수 있는 사람은 역시 남편이다. 평소에 살가운 말을 못한다고 해도 정기적으로 아내의 고민과 어려움을 들어주는 술자리를 만들어 주는 남편이라면 아내에게 힘을 주는 존재가 될 수 있다.

24.
아내의 건강검진 및 보약을 챙겨라

수험생활에서 가장 기본은 체력이다. 신림동 고시촌에 처음 가보는 사람들이라면 젊은 수험생들이 자신의 몸을 위한다면서 먹는 각종 보약과 건강식품의 목록에 놀라게 될 것이다. 나도 처음에는 시골에 계시는 부모님이 그런 것들을 챙겨 서울 자식들에게 올려 보내는 줄 알았다. 그러나 수험생들이라면 거의 중독에 빠진 것처럼 스스로 보약에 의존하는 것을 보게 되었다.

나중에 알게 된 사실이지만 이 또한 수험생들의 심리상태와 연관되어 있었다. 한 자리에 앉아 같은 내용의 공부에 집중하다 보면 본인도 모르는 사이에 여러 가지

잡념이 생기게 되는데 그 가운데 하나가 바로 건강 염려증이다. 말은 염려증이지만 실제로 오래 앉아 있다 보면 건강을 상하는 경우도 많다. 가장 좋은 것은 자리에 앉아 있는 시간만큼 몸을 움직일 기회를 갖는 것이지만 현실적으로 불가능한 이상, 수험생들은 시간을 아낀다는 차원에서 각종 건강식품과 보약을 찾는 것이다.

보약은 몸에만 좋으라고 먹는 것이 아니다. 보약을 먹음으로써 수험생들은 마음의 위안을 찾는 것이다. 이처럼 수험생활과 관련된 것들 가운데 상당부분은 그 실제 효용은 검증되지 않았지만 심리적인 안정을 위해 필요한 것들이다. 건강검진도 마찬가지다. 특별한 사정이 없는 한 젊은 나이에 건강검진에서 낙제점을 받기란 쉽지 않지만, 수험생들의 정신적 안정을 위해서는 수험생활을 시작하기 이전 한번 받아둘 필요가 있다. 특히 평소 취약한 점을 집중적으로 다뤄 볼 필요가 있다.

25.
아내를 감동시켜라 – 생일과 결혼기념일을 잊지 마라

칭찬은 고래를 춤추게 한다. 감동은 태산도 움직인다. 생일과 결혼기념일은 수험생의 경우 마음이 뒤숭숭해질 수 있는 날이다. 크리스마스가 되면 일반인들은 별로 들썩거리지 않는데, 고3 진학을 앞둔 고2 학생들처럼 뭔가 쫓기는 것이 있는 입장에서는 자신의 처지를 잊기 위해서인지 매우 집중하는 경우가 있다. 생일과 결혼기념일을 맞은 여성 수험생, 특히 아줌마 수험생들의 경우에는 감성이 미묘해질 가능성이 크기 때문에 남편들의 집중적인 마음 씀씀이가 그 어느 때보다 요구된다.

챙겨주어야 할 뿐만 아니라 부인이 감동할 수 있게 해

주어야 수험생활을 지속할 수 있는 에너지로 승화된다. 있는 둥 없는 둥 지나가게 되면 부인이 남편의 사랑을 의심하거나 수험생활에 대한 남편의 무성의를 탓하는 계기가 되어 두고두고 후환이 남게 된다. 남편의 입장에서는 없는 집에 제사 돌아오듯 일년이면 몇 번씩 찾아오는 기념일이 부담스러울 수 있다. 우스갯소리로 '수컷들끼리 말이지만 집토끼에 따로 먹이를 더 챙긴다는 것이 어디 쉬운 일인가!'라고 말하며 그냥 넘기는 경우도 많다. 그러나 배고플 때 먹는 밥이 맛있고, 모를 때 누군가 가르쳐주는 지식이 고맙기 마련이다. 부인의 수험생활이 끝나고 나면 남편에 대한 의존도 질적으로 변화한다.

나는 부인을 공부시키는 남편들이 조그마한 케이크로 감동을 줄 수 있는 '가난한 날의 행복' 시즌에 최대한 점수를 따 놓지 않으면 앞으로 어떻게 될 지 모르는 변화하는 국면에서 온전히 버텨나가기 어려울 것이라고 말해 주고 싶다. 겁주겠다는 것이 아니고 부인이 원할 때 보살펴 주는 것이 훨씬 쉬우면서도 큰 효과가 있을 것이라는 것을 말하는 것이다.

26.
원한다면 언제든 그만둘 수 있다고 말하라

똑같은 일을 하더라도 시켜서 하는 경우와 좋아서 하는 경우의 결과물이 엄청나게 차이가 난다고 하는 것을 보면 사람은 참 이상한 존재이다. 아니 이상한 존재라기보다는 주체성을 자각하고 싶어하는 존재인지도 모른다. 아내의 수험생활에 있어서도 마찬가지이다. 결혼한 후에 공부를 시작하는 사람은 대부분 그 공부를 하지 않으면 안 되는 내면적인 이유는 모르되, 주변의 압박이 있는 경우는 드물 것이다.

요컨대 스스로 시작한 수험생활일 가능성이 높다는 말이다. 그러므로 지난한 수험생활의 과정에서 지쳐 쓰러지는 경우에도 다시 일어설 수 있는 힘은 스스로 선택한 길이라는 데에 있다. 스스로 선택한 고통이므로 언제든 원할 때에 스스로 끝낼 수 있다는 사실을 공부하는 아내에게 주지시키자. 시켜서 하는 일이 아니라는 것, 언제든 스스로 끝낼 수 있는 일이라는 것은 역설적으로 원하는 결과를 얻을 때까지 그 일을 계속 밀고 나갈 에너지를 줄 것이다.

27.
아내의 경쟁심을 자극하라

부부인 두 사람에게는 이상하게 들릴 수도 있지만 모든 인간에게는 자신의 삶이 가장 소중하다. 아내도 한 사람의 인간으로서 남편인 당신 못지않게 능력을 발휘하고 사회적으로 인정을 받을 수 있는 존재이며, 그런 사실을 잊지 않아야만 부단히 노력하고 현실의 장애를 헤쳐 나갈 힘이 생길 것이다. 즉 남편으로서 아내인 당신이 한 사람의 인간으로서 나보다 더 훌륭할 수도 있는 존재이며, 각자의 인생을 누가 더 충실하게 살아 냈느냐 라는 의미에서의 경쟁자라는 점을 인식시켜줄 필요가 있다는 의미이다.

부부 간에도 경쟁이 가능하다. 충실하게 살기 위한 경쟁은 서로를 더 고양시킬 수 있다. 남편 스스로도 나태해지지 않을 수 있는 좋은 방법이 될 것이다. 부인을 공부시킨다고 해서 남편은 뒷짐지고 물러나 있어도 되는 것은 아니다. 부인이 공부하는 사이 남편은 자신의 계발과 자아의 실현을 위해 더욱 더 노력해야 하는 책임이 있다. 부부 사이에 균형이 맞지 않으면 뭔가 급변 사태가 올 가능성이 커진다.

공장에 다니며 대학생 남친(남자친구)을 공부시킨 여주인공이 눈물 흘리는 스토리는 이제 식상하다. 대신 회사 다니며 부인을 공부시킨 남편이 성공한 부인의 배반으로 눈물 흘리는 것이 보다 더 지금 이 시대상을 반영하는 것일 수도 있다. 동물학적으로 보면 수컷이 암컷을 의심하는 편이 훨씬 자연스럽다고 한다. 어쨌든 부부 사이의 경쟁심은 수험생활을 단축시킨다는 점만 명심하면 좋겠다.

28.
성공 이후에 쓰일 만한 물건을 선물하라

부부가 함께 살다 보면 이것저것 선물할 일이 많다. 생일과 결혼기념일이 있고 남편의 출장이나 여행도 선물의 계기가 된다. 어떤 부부는 기념할 일이 없어도 선물을 하는 경우가 있는가 하면 평생 가야 선물의 선자도 모르고 사는 부부도 있다. 수험생활을 시작하면 모든 생활의 상징은 수험생활과 연관되어야 한다. 외식을 해도 스테미너식을 하게 되고, 백화점에서 쇼핑을 하게 되어도 좀 더 편하게 수험생활을 할 수 있게 해주는 침구나 가구 등에 눈이 가게 된다. 선물을 할 경우에도 부인의 미래와 관련된 것을 하게 되면 성취욕을 자극할 수 있게 된다.

이는 마치 우리가 중학교나 고등학교를 졸업하는 학생에게 만년필을 선물하듯, 성공의 단계로 올라갈 경우 필요해 지는 것들을 미리 선물함으로써 수험생활을 성공리에 마무리 지어야겠다는 마음의 각오를 다시 한번 다질 수 있게 해 준다는 의미가 있다. 가방이나 만년필은 물론이고 옷이나 액세서리조차도 일반인이 선호하는 모양과 프로페셔널한 여성이 선호하는 모양은 다른 것 같다. 남편 입장에서 백화점이나 일반 상점에 가서 자기도 모르게 부인의 미래를 감안한 쇼핑을 하고 있다면 당신 부부의 수험생활은 끝날 날이 얼마 남지 않은 것이라고 생각해도 좋을 것이다.

29.
참고 참아라

집안 일을 하던 아내가 공부를 하면 그 집은 일단 엉망이 된다. 외형상으로 엉망이 되는 것이야 어떻게든 버텨나갈 수 있지만 그 동안 남편의 여러 가지를 챙기고 신경써 주던 아내의 마음의 공간에 수험계획과 공부로 인한 스트레스가 들어서면 남편의 내면은 이중삼중으로 힘들어질 수 밖에 없다. 사회생활로 인해 지친 몸과 마음을 아내에게 위로 받기는 커녕 수험생활로 날카로워진 아내의 기분을 오히려 남편 쪽에서 보살펴주어야 하는 입장이 되는 것이다.

하지만 이런 역전은 불가피하다고 할 수 밖에 없다.

기존의 생활을 유지하지 않고 아내의 공부라는 새로운 도전을 선택했을 때 이미 기존의 평안함은 기대해서는 안 되는 것이었다. 한편으로는 수험생활은 영원히 계속되지는 않기 때문에 버틸 수 있는 것인지도 모른다. 수험생활을 지속하기 위해, 또 성공리에 마무리 짓기 위해 28가지의 팁을 펼쳐 보았다. 그러나 앞선 28가지 가운데 한 두 가지가 개인적인 사정에 의해 생략된다 하더라도 수험생활의 성공에 큰 지장이 있을 것 같지는 않다. 앞에서 든 예들은 필자의 경우를 위주로 해서 도출한 것이기에 그렇다. 그러나 마지막, 즉 29번째 이 단락이 빠진다면 수험생활의 성공적인 마무리는 불가능하다고 단언하고 싶다. 모름지기 남편들이여, 참고 참고 또 참아야 한다. 인내만이 당신을 새로운 날로 이끌 것이다. 명심해야 한다. 명심하자.

Part 4

시험에 합격한 이후

고생 끝에 낙이 온다. 4년 여의 수험생활도 종지부를 찍었다. 신기하게도 올림픽, 월드컵, 국회의원 선거가 열리는 주기도 4년이다. 공통점은 언제 지나갔나 싶게 빨리 돌아온다는 것이 아닐까 생각한다. 어쨌든 우리의 수험생활도 역사의 페이지 속으로 사라졌다. 합격생 가족이 되고 나니 생각지도 못했던 일들을 겪게 되었다. 합격 이전에는 주변에서 이상한 눈초리로 보는 경우가 있었는데, 합격하고 나니 이젠 이상하게 보기 보다는 시기하는 눈초리로 느껴지는 경우도 있었다. 하지만 속사정을 설명하고 나면 고개를 끄떡이는 경우가 대부분이었다.

1.
셔터맨? 노! 위미노믹스(Womenomics)

43회 사법시험 2차 합격자 명단은 2001년 12월 4일 발표되었다. 당시 사법시험은 면접시험(3차)에서 떨어지는 경우가 거의 없었다. 따라서 2차 시험에 합격하면 최종 합격이나 다름없었다. 앞서 말한 대로 집사람은 1998년과 이듬해 1차 시험에서 연거푸 불합격하고, 2000년 세 번째 도전 끝에 1차 시험의 관문을 통과했다. 1998년 탐색전 차원에서 쳐 본 1차 시험에 떨어지고 나서 아들을 낳았고, 산후 조리도 하지 못하고 1999년 또 다시 1차에 도전해 불합격의 고배를 마셨기에 1차 시험 도전사는 '아줌마 고시 도전 잔혹사' 그 자체였다.

하지만 인생이 살 맛 난다는 것은 살아 가면서 어제보다는 오늘이 조금씩이라도 나아지고, 또 내일이 오늘보다 나을 것이라고 기대해 보는데 있는 것 아니겠는가?

2차 시험도 순탄치는 않았지만 그나마 1차 시험 때 보다는 나았다. 1차 관문을 통과한 뒤, 같은 해에 응시한 2차 시험에서는 대부분의 다른 사람들도 그러하듯 떨어졌다. 사법시험 준비를 오래한 사람들이 아니라면 같은 해에 1차와 2차 시험을 함께 합격하는 이른바 '동차 합격'을 노리기는 무리기 때문이다.

따라서 이듬해 시도된 두 번째 도전은 우리들에게는 여러 가지 점에서 중요한 의미가 있었다. 무엇보다도 이 때 떨어지면, 시험 규정에 의해 다시 1차 시험을 봐 합격해야 2차 시험 응시기회가 생겼다. 윷놀이 할 때 앞으로 못 나아가고, 오히려 뒤로 돌아가는 '백Back 도' 같은 것이다. 수험생에게는 이보다 김새는 일이 없다. 옆에서 지켜보는 사람도 떨리는데, 당사자는 오죽 하겠는가? 아침에 출근하는데 집사람이 무표정하게 나보고 대신 좀 결과를 알아봐 달라고 부탁했다.

당시 사법시험 합격자 명단은 행정자치부에서 발표했다. 나는 행정자치부에 출입하는 기자에게 2차 시험 합격자 명단이 보도자료로 나오면 가장 먼저 알려달라고 부탁했다. 하지만 나는 내심 자신감이 있었다. 태릉선수촌에서 올림픽 대표 선수를 직접 훈련시켜본 체육 지도자들은 자신이 훈련시켜 올림픽에 나갈 선수의 메달 색깔까지는 맞추지 못해도 대략 결선 진출 여부는 맞춘다고 한다. 나도 시험 뒷바라지 4년차에 그 정도 수준은 되었다. 게다가 사법시험 합격자 숫자는 늘어나는 추세였다. 사법시험 합격자는 1995년 308명에서 1998년 700명, 2000년에는 800명이 되었다. 신문에는 2001년부터는 1000명 사시합격자 시대가 열린다며 엉뚱하게 변호사들의 생계난 걱정부터 늘어놓고 있었다.

오전 10시를 좀 넘겨 행정자치부를 출입하는 기자로부터 "명단에 이름이 올랐다"는 소식을 전해 들었다. 곧장 집에 전해주었다. 그토록 기대하던 소식이었지만 반응은 의외로 담담했다. 짧다면 짧고, 길다면 긴 4년여의 세월이 주마등처럼 순간 머릿속을 지나갔다. 그 사이 나는 신입 기자에서 기자 가운데는 중간급이 되어 있었다. 식구도 하나 더 늘었다. 집사람이 공부하며 책 사느라, 학원 다니느라 들인 경비도 생각났다. 1000명이나 뽑았으니 이제 사법연수원 생활도 챙겨야겠다는 생각을 했다. 2년의 세월 동안 저 1000명은 다시 한번 1등부터 1000등까지 순서 매김을 당해야 한다. 이런 복잡한 생각 속에 회사에 집사람 합격을 알려줬다.

다른 회사는 어떤지 모르겠지만, 신문사는 정보를 다루는 업종의 특성상 기사화하지 않을 내용이라도 특기할 만한 사항이 있으면 회사 내부로 보고하는 것을 매우 중요하게 여긴다. 소위 말해 '정보보고'라고 하는 것인데, 기자가 담당을 맡아 취재하는 출입처의 주요 인사 동향이나 세상 돌아가는 이야기, 취재원이 비보도(오프 더 레코드)를 전제로 행한 배경설명(백 그라운드 브리핑) 등이 정보보고의 대상이다. 때론 일 안하고 술 마시고 놀았다는 질책을 피하기 위해 취재원과 소주 한 잔 하며 나눈 이야기를 정보보고로 각색해 면피성으로 올리기도 한다. 정보보고 내용 중에는 경쟁 신문에 난 기사를 나는 왜 물먹었나(취재나 보도하지 못했는지)에 대한 해명성 보고도 있고, 아들이나 딸을 낳았으니 병원에 가봐야 한다는 개인사적 보고도 있다.

신문기자는 기본 속성이 무엇을 알면 혼자 입 다물고 앉아 있지 않고 꼭 옆 사람과 나눈다. 당시 같은 부서 기자들끼리 서로 가족처럼 친하게 지냈던 터라 주변에서 일어난 일을 알릴 필요도 있었다. 나도 으레 그렇듯 집사람이 43회 사법시험에 합격했다고 데스크와 직속 선배에게 보고했다. 축하 인사와 함께 하루 종일 내 귀에 못이 박히게 들린 이야기는 '이제 기자 그만두고 셔터맨해도 되겠구나'라는 이야기였다. 의사, 약사, 피아노학원장 등의 남편으로 돈 잘 버는 부인을 출퇴근 시켜주고, 그 업소의 셔터를 올리고 내리는 일을 전업으로 삼는다는 의미의 셔터맨은 돈 버는 부인, 특히 셔터로 상징되는 돈 잘 버는 자영업을 하는 부인과 사는 남편을 지칭하는 비하의 의미가 담긴 말이다.

왜 나와 친한 사람들은 부인을 공부시켜 합격시킨 나를 보고 셔터맨이란 단어를 떠 올렸을까? 나는 셔터맨이 되기 위해 부인을 공부시켰을까? 나 자신에게 물어보았다. 부인이 법조인이 됨으로써 나에게 좋은 것은 무엇일지를. 그러나 별로 뾰족하게 좋은 것은 생각나지 않았다. 물론 내가 번 돈을 쓰던 부인이 이제 스스로 월급을 받을 수 있게 되었으니 가정 경제 차원에서는 좋아진 것 같았다. 비행기에 엔진이 두 개면 하나가 꺼져도 계속 날아갈 수 있으니 보다 더 안전하지 않겠는가? 경제적인 안정이 가능하다는 것이 부인을 공부시키기 위해 노력하고 투자했던 가장 큰 원인이 아니었던가? 그런데 이 찝찝한 기분은 무엇일까?

부인이 합격하고 사법연수원을 다니기 시작하자 우리는 사당동 아파트를 나와, 경기도 고양시 일산동구 호수로 550번지에 있는 사법연수원으로부터 걸어서 5분 거리에 있는 아파트로 이사를 갔다. 사법연수원 제도는 사법시험에 합격한 예비 법조인들을 교육하는 기관으로 2년간 사법시험 합격자들에게 사무관 대우(5급 대우)를 해주며 법조 실무교육을 시키고, 연수생들은 여기서 교육 이수 후 그 성적으로 진로가 결정되는 한국판 로스쿨 제도였다.

사법시험 준비 당시 우리 부부가 지켰던 원칙을 기준으로 생각해 보면 사법연수원 옆으로 이사 가는 것은 공부에 필요한 시간을 확보하기 위해서는 당연한 선택이었다. 하지만 수험생활과 다른 점은 이제부터는 단순한 공부라는 측면과 함께 사회생활이 병행되기 시작했다는 점이었다. 자연스레 나의 도움도 제한될 수 밖에 없었다. 사회생활을 돕는다는 것이 공부를 돕는 것처럼 명확히 해야 할 일이나 처리할 과제가 있는 것이 아니었기 때문이었다. 이 지점이 순수하게 공부를 위해 공부를 하는 것과 달리 실용성을 지향하는 공부를 하게 되면 달라지게 되는 교차점이 아닌가 싶다.

내가 앞서 말한 대로 셔터맨이라는 이야기에 수긍하면서도 기분이 좋지 않았던 것은 여성의 경제활동 참여에 대한 인식이 과거 우리 부모세대의 그것에서 한 발짝도 앞으로 나아가지 않고 있기 때문이었다는 점을 나는 이후에 알게 되었다. '여편네 벌이는 쥐 벌이' 수준에서 한 발도 인식의 발전이 없었다는 말이다. 부인네가 뭔가 경제활동을 하더라도 부산스럽기만 하지 실속은 별로 없다는 이런 식의 이야기는 남자도 버는데 여자가 나서 봐야 가정만 시끄러워지지 무슨 큰 실속이 있겠느냐 하는 의미다. 부인의 사회진출, 재취업을 벌이의 수단으로만 보고 알량한 남자의 자존심으로 대놓고 그렇게 말하거나 생각하지는 않아도 '여자가 벌어봐야 뭘 벌어' 하는 식의 경쟁심과 속 좁은 편견을 마음에 담고 있었기에 셔터맨이라는 단어에 찜찜한 느낌이 일었던 것이다. 여성의 취업을 자동차 살 때 원하지 않으면 뺄 수 있는 선루프처럼 '옵션'으로 생각했던 것이 원인이었다.

과연 여자의 벌이는 옵션일까? 그렇게 생각하고 넘어갈 만한 간단한 문제가 아니다. 여성경제는 21세기의 중요한 화두다. 여성(우먼 Woman)의 복수형 위민Women과 이코노믹스Economics를 결합한 단어 '위미노믹스'의 주창자들은 여성의 경제적 역할 확대가 그 나라의 경제 성장을 이끄는 가장 확실한 보증수표라고 주장한다. '중국, 인도, 인터넷 따위는 잊어버려라. 경제성장은 여성이 이끈다'(이코노미스트)는 말처럼 경제가 성장하기 위한 원동력으로 성 평등Gender Equality을 꼽는 학자들이 있다. 여성경제의 대두 이유는 1차적으로 노령화에 대한 가장 강력한 대응수단이 그것이기 때문이다. 노인 대신 젊은이가 일을 더 해야 하는데, 일하지 않고 있는 젊은이를 찾다 보니 그것이 여성이었던 것이다.

우리나라도 현재 인구 노령화라는 심각하고 근본적인 사회변화를 겪고 있다. 대한민국 통계청은 65세를 노인의 기준으로 삼는데, 고령화나 노령화라는 것은 전체 인구에서 이들이 차지하는 비율이 높아진다는 것을 말한다. 고령사회를 계산하는 방법은 65세 이상 인구를 분자로, 전체 인구를 분모로 나누는 것이다. 그 비율에 따라, 고령화 사회(Aging Society: 고령자 비중이7%이상~14%미만), 고령 사회(Aged Society: 고령자 비중이14%이상~20%미만), 초고령 사회(Super Aged Society: 20% 이상)로 학자들은 분류

한다.

우리나라는 지난 2000년 고령화 사회에 진입했다. 현재 추세라면 2018년 고령사회를 지나 2026년에는 65세 이상이 인구 다섯 명 가운데 한 명이 되는 초고령 사회에 진입할 것이다. 사망률은 현대 의학과 의료기술의 발전, 그리고 보건환경 개선으로 감소하고 있다. 전쟁과 전염병도 지구의 특정 지역에서나 심각한 문제다. 최종 집계된 인구 숫자를 줄이는 사망자 숫자는 이전보다 줄어들고, 새로 노인층에 진입한 사람들은 늘어나면서 분자(노인수)가 지금까지의 추세와 달리 시간이 지남에 따라 오히려 늘어나고 있다.

다른 한편으론 출산율이 감소하면서 분모(총인구)의 증가 추세가 이전과 달리 저조하다. 한 사회에서 인구 변화는 인구를 구성하는 사람들이 전에 비해 덜 죽고, 덜 태어나면 정체상태를 유지하다가, 그 사회의 평균연령이 높아지면서 아이를 낳을 수 있는 사람이 줄어들면 신생아가 덜 태어나게 되어 인구감소로 이어진다. 물론 그 반대의 현상도 가능하다.

일부 미래학자들은 터키와 멕시코를 21세기에도 인구 증가세가 지속적으로 일어날 사회로 보고 투자 유망지역으로 꼽고 있다. 사우디아라비아급의 석유가 묻혀있는 남미 베네수엘라와 함께 유망한 투자처로 터키와 멕시코를 꼽는 이유는 다른 것 없이 '젊은 국민=신선한 노동력=활기찬 소비력'이라고 보기 때문이다.

다른 선진국들과 마찬가지로 우리나라도 총인구가 감소하고 노인의 비율은 급증하는 생각하기 싫은 시나리오가 현실화되기까지 얼마 남지 않았다고 학자들은 전망한다. 노년인구의 증가와 저출산 현상이 겹치며 발생하는 인구의 감소와 고령화는 경제의 성장잠재력을 떨어뜨리고, 각종 정치사회적 변화를 가져온다. 특히 인구의 고령화가 사회에 미치는 가장 큰 영향은 경제적인 균형이 깨지는데 있다.

노년층은 경제적 능력의 저하현상을 보이며, 복지비와 의료비 부담을 생산가능인구(청년층: 15세~64세)에 전가시켜야 하는데 적정균형이 깨어지면 이는 국가 부채로 이어진다. 생산가능인구 100명이 부양해야 할 65세 이상의 인구인 노년부양비나 65세 이상 인구를 14세 이하 인구로 나눈 노령화 지수, 노인 1명당 생산가능인구(생산가능인구/노년인구) 등은 모두 인구 구성요소간 경제적 부담의 문제를 따져보기 위해 개발된 지표들이다.

왜 이처럼 많은 지표가 나왔을까? 그것은 자본과 기술이 아무리 많고 수준이 높아도 그것을 활용할 사람이 없으면 아무 것도 할 수 없기 때문이다. 고도로 문명을 발전시켰지만 정작 그 문명의 건설자들은 늙고 병들고 죽어버려 그들이 키우던 애완동물들이 대신 문명의 주인공이 된다는 공상 과학만화 같은 상황이 펼쳐질 날도 얼마 남지 않아 보이는 것이다.

필자는 2006년 일본 와세다早稲田대학 객원연구원으로 있으면서 도쿄東京 신주쿠新宿에서 생활을 한 적이 있다. 또한 2009년에는 집사람이 법무부 검찰국에서 일본 도쿄대로 파견한 장기연수생 신분이 됨에 따라 함께 도쿄에서 1년 생활 할 기회를 가질 수 있었다. 그 당시 일본은 이미 전 인구의 4분의 1이 65세 이상인 초고령 사회의 문턱을 넘고 있던 상태였다. 아시아에서 유일한 것은 물론이고 노인에 대한 공경, 가족의 가치가 특별히 중시되는 유교문화권에서 처음 맞이하는 '초고령 실험실'상황이라 관심이 갈 수 밖에 없었다. 그때 필자가 배운 것은 너무나도 단순하지만 매우 중요한 사실, 즉 모든 사회현상은 사람의 생로병사를 떼 놓고는 절대 생각할 수 없다는 점이었다.

지금은 덜 하지만 우리나라에서 한동안 일본의 군사 대국화를 염려하는 사람들이 많았을 때가 있었다. 그 사람들은 경제력과 군사력이 비례하므로 일본의 경제력이 최고조에 달한다면 경제력을 바탕으로 군비를 갖춰 또다시 군사 대국이 되고 싶은 욕심이 나지 않겠느냐는 기본 논리에 바탕을 두고 있었다. 일견 타당성이 있어 보이는 주장이긴 하지만 그런 생각을 하는 사람들이 놓친 점이 있었다. 청년층 부족으로 인한 인구감소 현상이 그것이다. 30~40대를 사병으로 모집하고 50대를 초급 장교로 내세워 군대를 만든다면 과연 제대로 된 전투가 가능할까? 최신 무인 정찰기와 전투 로봇 무기로 무장을 하지 않는 이상, 기존의 재래식 전력에서 고령자들을 데리고 우위를 차지하기란 쉽지 않은 일이다.

일본의 경제전망 역시 일본 정부의 복지지출 확대 및 노동부족 현상과 밀접하게 연결되어 있다. 심지어 슈퍼마켓의 식료품 포장단위도 소비자의 연령층 변화를 따라 움직인다. 수박을 한 통 단위로 팔다 반쪽씩 잘라서 팔고, 나중에는 이마저 한번 더 잘라 아예 한 조각으로 만들어 파는 이유도 1인 가구 증대와 주요 소비자의 연령 변화에 있다. 노인들 혼자 살거나 둘이 사는 경우가 많은데, 이들은 수박 반 통을 사가도 상하기 전에 다 먹기 힘들기에 이들을 배려한 영업전략인 셈이다.

해 질 무렵 저녁식사 장만을 위해 동네 대형슈퍼체인이나 식료품 상점에 들어서던 일본 노인들. 식재료를 사러 온 것이 아니라, 이미 가공되어 1인분씩 포장된 한끼 식사를 사러 개나 고양이와 함께 무거운 다리를 질질 끌며 집 밖으로 나오던 그들의 그림자가 지금도 생각난다. 밥 지을 힘도 없어 1인분씩 포장한 쌀밥과 반찬 한 두 가지를 사서 하루 식사를 대신하던 그들을 보면서, 뒤를 이어 병원을 경영해 줄 의사가 없어 폐업 안내문 한 장만 붙여놓고 간판도 떼지 못한 채 폐가가 되어버린 개인 의원 앞을 지나가면서, 나는 우리의 미래를 미리 읽는 것 같았다.

심지어 2011년 3월 11일 동일본 대지진으로 집과 가게를 잃고 학교 강당으로 도피한 주민들만 보더라도, 체념과 포기의 분위기가 물씬 풍겨 나오는 것을 느낄 수 있었다. 고령사회가 문제되는 것은 의욕과 도전정신보다 포기와 회피가 주된 정서가 될 가능성이 높기 때문이다. 사회가, 경제가, 문화가 새로운 도전에 나서기 보다는 현상유지에 만족하게 되면 쇠퇴는 필연적이다.

우리의 사정은 어떠한가? 인구학자나 사회학자들은 1955년부터 1963년 사이에 태어난 한국인을 베이비붐 세대라고 한다. 2010년 기준 712만 명에 달한 이들은 한국전쟁 이후 우리나라의 인구 폭발을 선도한 세대다. 자고 나면 새 길이 생기고, 눈만 돌리면 빌딩이 올라가던 시대. 농촌에서 먹고 살기 위해 도시로 도시로 인구가 몰려들며 집이 부족해 자고 나면 집값, 땅값이 하늘 높은 줄 모르게 오르고, 또 그런 사람들 때문에 전세, 월세 놓으며 집 장사, 복부인으로 부를 축적하던 사람들이 활개치던 상황은 베이비붐이 있었기에 가능했던 일이었다.

교육 현장의 모습 또한 베이비붐 세대만이 보여줄 수 있었던 만화경이었다. 한 반에 80명씩 2부제, 3부제로 돌아가던 국민학교(현재 초등학교로 개명) 교실의 모습이나, 아침에 학교에 늦지 않기 위해 터져 나갈 듯이 사람이 탄 시내버스에 달려들어 배치기로 승차를 시도하던 교복 입은 고등학생들의 모습은 지금 생각해 보면 마치 먼 옛날 일 같이 느껴진다. 이제는 대학도 학생이 부족해 문을 닫을 판국이고, 이름을 바꾼 초등학교도 한 반에 30명을 넘기지 않는 것이 일반적이기에 언제 그런 일이 있었냐는 식이지만, 우리 경제는 당시만 해도 젊음이 내뿜는 열정과 패기로 달아오르는 청춘기를 구가했다.

어른이 되어 마이카붐, 골프붐, 명품붐 등 각종 신 소비풍조를 확산시킨 사람들도 이들이다. 없어서 못 먹었다는 보릿고개로 대표되는 베이비붐 세대 직전에 태어난 전쟁 세대와 달리 통일벼를 먹고 남북간 체제경쟁 속에서 나고 자란 베이비붐 세대는 우리나라 경제 성장의 주역들이다. 비행기를 타고 돈 벌러 해외에 나갔던 첫 세대다. 공장과 회사에서 젊음을 보냈으며, 그렇게 해서 번 임금으로 우리나라의 연금제도와 의료보험제도의 초기 보험금을 자신의 지갑에서 기꺼이 지불했던 사람들이다. 이제 이들이 서서히 근로시장에서 퇴장하고 있다. 10년 뒤인 2022년, 이들은 60~68세가 된다.

경제학자가 아니더라도 우리는 이들의 대안으로 여성에 눈을 돌리게 된다. 경제 활동의 영역 밖에 있는 여성들에게 일자리를 제공해 이들의 생산과 소비를 동력으로 추락하는 경제를 다시 살려보자는 것이다. 그러나 아직도 우리의 머릿속에는 여자가 일하는 것은 필수사항이 아닌 선택사항으로 되어 있다. 셔터맨 소리에 민감한 반응을 보인 나도 부인을 공부시켜 사법시험에 합격은 시켜 놓았으나 정작 내가 한 행동의 국가적, 사회적 의미가 무엇인지는 제대로 이해하지 못하고 있었던 것이다. 명색이 큰 신문사에서 글을 쓰는 기자라면서 내 자신 밖에 생각하지 못했던 것이다.

세계적인 금융회사인 골드만삭스Goldman Sachs는 위미노믹스라는 단어를 사용하는 대표적인 금융기관이다. 2010년 10월 골드만삭스는 일본 투자 전략보고서 '위미노믹스 3.0: 지금이 실행할 때다'Womenomics 3.0: The Time Is Now에서 현재 60% 수준인 일본 여성 취업률을 일본 남성 취업률 수준인 80%로 올린다면 일본의 GDP는 15%나 추가로 상승할 수 있다고 지적했다. 현재 1억 2700만 명인 일본의 인구는 2030년이 되면 10% 포인트 감소해 1억 1500만 명으로 줄어든다. 2010년 4월 현재 23%에 달하는 65세 이상 인구비율이 2055년에는 40%에 달하고, 그때가 되면 일본 전체 인구에서 일 할 수 있는 사람의 비율(15~64세)은 51%에 불과하게 된다. 여성 인력 활용에 목을 매지 않으면 안 되는 이유도 여기에 있다.

골드만삭스가 보는 여성 노동인구 확대와 경제성장의 연결 고리는 소비확대와 출산율 증가에 있다. 만약 일본에서 남자와 여자의 취업률이 같아져서 골드만삭스의 계산대로 820만 명의 여성이 추가로 일자리를 구하게 된다면 이들의 소비 파워는 노령화 추세 속에 헤매고 있는 일본 경제를 단숨에 한 단계 업그레이드 시킬 수 있다는 것이 골드만삭스의 전망이다.

재미있는 것은 골드만삭스가 여성 취업률의 확대로 큰 폭의 GDP 추가 성장이 가능하다고 꼽은 나라에는 일본 외에 그리스, 이탈리아, 스페인 등 2011년 이후 세계 금융위기를 초래한 재정 위기를 겪고 있는 남부 유럽 국가들이 대거 포함되어 있다는 점이다. 나라 재정이 바닥나 구제금융을 받을 수 밖에 없게 된 유럽연합EU의 지진아인 이들을 조롱하는 투로 부르는 단어가 포르투갈까지 포함한 PIGS Portugal, Italy, Greece, Spain다. 고대문화의 발상지인 아름다운 에게해Aegean sea를 끼고 앉아 작열하는 태양 아래에서 빈둥거리는 게으름뱅이라는 조롱이 담긴 뜻으로 언론이 만든 단어다. 당사자들은 매우 기분이 상할 테지만 국내적으로 여성 인력을 제대로 활용하지 못하고, 이를 시정하기 위한 적절한 정책을 수립해 집행하지 못해 가능한 경제 성장마저 이루지 못한 점만은 분명하다.

골드만삭스가 여성 취업률 제고로 얻을 수 있는 또 하나의 부수 효과로 꼽은 것은 출산율의 증가다. 보고서는 '일본 여성들의 취업이 현재보다 늘어나면 출산율이 떨어질 것이라는 전망은 그럴듯해 보이지만 실제로 전 세계를 대상으로 조사해 보면 반대로 나타난다. 스웨덴, 덴마크, 네덜란드, 영국처럼 여성의 노동 참여비율이 높은 나라는 높은 출산율을 기록했고 그 반대의 경우에는 낮았다'고 했다. 여성의 취업률과 출산율이 낮은 나라로 이탈리아, 일본과 함께 우리나라도 꼽혔다. 2008년을 기준으로 우리나라 여성 취업률은 일본60%보다도 낮았고54%, 출산율도 일본1.4보다 낮은 1.2에 머물렀다.

평균적인 일본 여성의 취업을 막는 가장 큰 장애물은 결혼에 따른 자녀 돌보기, 노인(부모) 돌보기, 집안일이다. 고등학교나 대학을 졸업한 평균 일본여성은 18~22세 사이에 첫 직장을 구하고, 25~29세 사이에 결혼을 한다고 한다. 이들은 평균 30~39세 사이에 임신을 하고 아이를 키우기 위해 다니던 직장을 그만둔다. 아이들이 자라 엄마의 도움이 덜 필요하게 되면 그제서야 일본 여성은 다시 일자리를 알아보는데 그 때의 나이가 45

세 이상이다.

그러나 이때 구할 수 있는 일자리는 대개 전문성이 떨어지는 비정규 파트타임 일자리이다. 당연히 전문성이 떨어지다 보니 임금도 낮을 수 밖에 없다. 이때가 되면 시댁이나 친정부모, 때론 남편이 늙어 또 다시 여성이 돌봐줘야 할 상황이 발생하는데 이 때문에 이들을 새로운 전문직에 고용하기 위한 체계적인 교육과 훈련의 실시가 어려워진다. 일본 여성은 결혼해 아이를 낳고 키워 한숨 돌리고 나면 다시 부모를 돌봐야 하는 형편인 셈이다. 우리나라라고 해서 예외는 아니다.

우리나라도 2011년 50대 여성 취업자(212만명) 숫자가 20대 여성 취업자(192만명) 숫자를 넘어섰는데 이는 통계조사가 실시된 1963년 이후 처음이다. 하지만 결혼과 출산으로 별다른 전문적 역량을 쌓을 기회가 없었던 50대 여성들이 가질 수 있는 일자리는 청소원, 식당 주방일, 가사도우미, 요양보호사 같은 저임금 일용직이 대부분이었다.

나는 집사람의 사법시험 합격을 통해 한 여성이 사회적 경력이 끊어지기 쉬운 30대에 공부를 통해 공인된 자격증을 손에 넣고, 안정적인 일자리를 얻는다는 것이 21

세기 국가 경제에도 매우 중요한 일이라는 사실을 알게 되었다. 일 하지 않는 50%의 여성과 살고 있는 남성들은 자신이 올바른 선택을 하고 있다고 여기든, 아니면 불가피하게 할 일이 없어 지금 일하지 않는 여성과 살고 있다고 생각을 하든, 앞으로 한국 경제가 유지되고 발전하기 위해서는 집 안에 있는 노동력이 바깥으로 나와야 한다는 것을 인정해야 한다.

그렇게 하면 남성들이 행복해 지는가? 나의 답변은 현재 일하는 여성의 남편들은 당장은 행복해 지기보다 그 반대가 될 가능성이 높지만, 다음 세대에게는 도움이 될 가능성이 높다는 것이다. 내 주변에 우리 집 말고도 부인이 일을 하는 집들이 있다. 후배 가운데 A는 조그마한 사업을 하는데 그의 부인은 의사로 우리 집에서 멀지 않은 곳에서 개인 치과병원을 개업하고 있다. A 의 아침은 운전대를 잡고 부인을 병원에 데려다 주는 데서 시작된다. 개인 병원이다 보니 전구 교체부터 세금신고까지 웬만한 허드렛일은 A의 몫이다. 주말이나 야간 진료라도 있는 날에는 아이들 씻기고 밥 먹이고, 학원 보내는 일도 해야 한다. 부인이 돈을 버니까 그 정도는 해야 한다고? A의 말은 다르다. 임대료에 의료장비 할부

금에 간호사 월급까지 생각하면 의외로 빠듯해, 차라리 어떤 달은 '저 고생하지 말고 집에서 놀면 시간이라도 마음대로 쓸 수 있고 몸이라도 덜 힘들 텐데' 라고 생각한다는 것이다.

나 또한 마찬가지였다. 집사람이 월급을 받아오기 시작했지만, 옷 사고 책 사고 바깥으로 다니면서 밥 사먹고 하니 남는 것이 별로 없었다. 결국 여자가 직장을 가지고 일을 한다는 것은 가정 경제에 도움되는 그 이상의 지점에서 의미를 찾아야 한다. 사실 앞서 말한 치과의사나 우리 집사람처럼 여성 1명이 바깥에 나가서 일하면 경제학적으로 경제 성장에 미치는 영향은 결코 작지 않다. 당장 고용이 추가로 발생하고, 소비가 일어난다. 직접 고용에 이어 간접 고용까지 창출되는 것이다. 경제는 이럴 때 선순환에 들어섰다고 한다.

영국에서 발간되는 이코노미스트 잡지는 신뢰감을 주는 매체다. 이 잡지에 뉴 페미니즘에 대한 기사가 난 것을 본 적이 있다. 내용은 이런 것이다. 고전적인 개념의 여성 지도자들은 남자들보다 더 똑똑하고, 과감하고, 냉정해서 오늘날 그 자리에 올랐다는 것이다. 실력 위주의 공정한 기회가 제공되었고 그것을 잘 활용하였기에 리더가 될 수 있었다는 내용이다. '철의 여인'으로 불리는 마가렛 대처나 미국의 국무장관 힐러리 클린턴, 독일의 여자 수상 앙겔라 메르켈. 그들은 남자들과 같은 게임을 벌여도 능력상으로 결코 뒤지지 않고, 오히려 낫다는 평가를 받고 있다. 우리 식으로 말하면 남자로 태어났으면 더 큰 일을 할 수 있었을 텐데 뭐 이런 식이다.

그러나 최근 영향력 있는 페미니스트들은 남자들과 같은 규칙으로 여성이 경쟁해서는 결코 여성이 가진 잠재력을 최대로 발휘할 수 없고, 리더십의 성별 다양화도 이룰 수 없다고 말한다.(이코노미스트, 2009. 12. 30) 이들이 주장한 새로운 페미니즘에 따르면 여자와 남자는 중요한 성향에서 서로 다른데, 이것은 개인적 차이가 아닌 성별 집단 간의 차이에 가깝다는 것이다.

이들은 여성이 남성에 비해 덜 공격적이고, 합의를 추구한다고 주장한다. 경쟁보다는 함께 힘을 합쳐 무엇인가를 해결하기 원하며, 권력에 대해서도 덜 강박적이고 오히려 집단을 위하는 성향이 더 많다는 것이다. UC 어바인 대학의 쥬디 로센너Judy Rosener 같은 이는 여자가 남자에 비해 전환적이거나 상호 작용적인 상황에서 경영을 더 잘한다고 말한다. 여자가 남자에 비해 상상력을 발휘해 새로운 방식으로 문제를 해결하는 수평적 사고Lateral thinking에 익숙하다고 주장하는 사람도 있다.

어쨌든 이들 뉴 페미니스트들의 주장은 남녀 차이를 부정하지 않고 오히려 긍정적으로 바라보고, 그 차이가 조직의 발전에는 다양성의 충족이라는 점에서 필수적이라고 강조한다. 하나의 야구팀이 구성되기 위해서는 좌완과 우완 투수가 모두 필요하듯, 남자와 여자라는 고유의 특성을 가진 리더들이 다양하게 공존해야 한다는 뜻이다. 이들은 올드 페미니스트들이 육아에 대한 여성의 책임을 과소평가했으며, 남녀에게 공통된 기준을 적용하는 현재와 같은 상황이라면 영국 100대 주요기업FTSE 100 이사회에서 남녀가 동일한 비율이 될 때까지는 60년이 더 필요할 것이라고 내다봤다.

우리는 어떤가? 사회 각 분야에서 여성의 진출이 많이 눈에 띈다. 또 실력도 좋다. 그러나 이들이 각자 속한 조직 사회에 적응하고, 지도적인 위치로 진출하는 것은 아직도 요원해 보인다. 법조계만 봐도 알 수 있다. 우리나라 첫 여성 법조인이 나온 것은 1951년의 일이다. 이태영 박사가 제2회 고등고시 사법과에 합격한 것이 시초다. 하지만 이태영 박사는 판사나 검사 대신 변호사의 길을 걸었다. 법원과 검찰이 여성에게 아직 문호를 개방할 준비가 되어 있지 않았기 때문이다. 여자가 처음 대법관이 된 것은 이태영 변호사 탄생 이후 반세기가 지난 2004년에야 가능했다. 검찰에서는 아직 여성 검사장이 나온다는 소식이 들려오지 않고 있다.

한국사회가 지금처럼 여성에게 업무적인 면도 남성들에게 뒤쳐지지 않고, 사교생활이나 대외활동도 주저함이 없고, 거기에 여성에게만 요구되는 일들도 잘 하길 원한다면 우리에게 미래는 없다고 나는 단언한다. 직장 여성은 초인이 아니다. 남녀에게 동일한 규칙을 적용해 게임을 하면 여성이 불리할 경우가 많다. 이런 방식이 승진에 적용되면 조직의 상위는 남자들만의 차지가 된다. 이는 사회 전반의 획일적 리더십을 가져온다. 남성 위주의 사회나 남성적 운영 방식은 21세기 국가 경쟁력을 떨어뜨린다.

뉴 페미니스트들은 지금부터라도 기업이나 정부 조직은 남녀를 동등하게 대해 온 기존 방식에서 벗어나, 성별 차이를 인정한 '양성 병용'Gender bilingual 정책을 사용하고, 여성 근로자들에게 적합한 고유의 경영기법을 도입해야 한다고 주장하고 있다. 물론 반박도 치열하고 다양하다. 여기서 하고 싶은 이야기는 여성경제의 활성화를 위해서는 침체되어 있는 여성의 도전을 높여줄 수 있는 획기적이고 다양한 제도가 필요하고, 그런 제도는 앞장서 나가 있는 여성 지도자들이 이끌어야 한다는 점이다.

문제는 경제 성장이다. 그것을 달성하기 위해서는 검은 고양이나 흰 고양이나 마음껏 뛰어 놀 수 있게 해 주어야 한다. 우리 집사람처럼 시험 봐서 다시 일자리를 찾은 여성들이 자신의 복귀를 개인적인 경사로만 여겨서는 곤란하다. 50대에 다시 노동시장에 들어온 아줌마들이 당장 마음에 드는 임금을 받아 가지는 못해도, 적어도 마음의 상처는 받지 않고, 지금부터라도 노력하면 미래는 더 나아진다는 확신을 가질 수 있도록 현재 상황을 개선시키는데 앞장서야 한다. 다시 노동시장에 들어온 여성들은 큰 소리칠 자격이 있다. 그들 때문에 우리의 자녀 세대가 다시 한 번 도약할 수 있다. 1960~1970년대의 인구 폭발로 한국 경제가 오늘을 이뤘다면, 21세기의 경제 성장에는 육아와 가사에 짓눌려 사는 여성들을 다시 경제영역으로 이끌어 낸 나와 같은 셔터맨들의 역할이 중요하다.

2.
남성이 빠진 여성정책

경제현장에서 많이 들리는 소리 가운데 하나가 '우리나라에서는 뭔가 잘 되게 하려면 정부가 관여하지 말아야 한다. 정부만 가만 있으면 잘 된다'는 말이다. 정부도 경제 성장에서 여성의 역할을 높이기 위해 애를 쓰고 있지만 왠지 정부 정책은 계속 헛돌고 있는 느낌이다. 지원센터 건립이나 교육 프로그램 등 돈 들여 하는 일은 많은데, 결과물에 해당하는 여성 경제 활동이 쉬워졌다는 이야기는 잘 들리지 않고, 여성 일자리의 수준도 나아지지 않는다. 체감 여성경제 활성화 지수는 오히려 퇴보 조짐마저 보인다.

우리나라 정부라고 여성 경제활동의 중요성을 모르는 것이 절대 아니다. 해마다 정책을 내 놓는다. 예를 들면 이런 것이다. 도서관에 가보니 관계부처 합동으로 정책을 고안해, 여성 고용정책을 추진하겠다며 'Dynamic Women Korea 2010 — 여성인력 개발종합계획(06~10)'이란 책에 그 성과를 모아 놓은 것이 있었다. 책을 펴고 그 내용을 살펴보니 그 동안의 추진 경과가 나온다. 예상대로 일단 대통령이 나온다. 2004년 7월 당시 노무현 대통령이 여성 인적자원의 효율적 개발을 위한 대책 마련을 지시했고, 여성가족부가 중심이 되어 범정부 차원의 종합적인 여성인력 개발계획 수립을 위하여 이러저러한 작업을 추진하였다는 것이다.

정책연구로는 여성 인적자원 개발 혁신방안이 논의되었고(~2005년 4월), 공무원들의 주특기인 TF(테스크포스)도 만들었다. 여성인력 개발정책기획단이 그 대표적인 TF다.(2005년 7월~11월) 이러한 노력이 쌓여 여성인력 개발 종합계획의 초안을 작성하고 관계부처 협의를 거쳐 여성정책 책임관(관계부처 1급) 회의에서 최종 조율안이 마련되었다. 대통령의 지시로 시작해 여러 단계의 정책 과정을 거쳐 2006년 7월 4일 국무총리 주재로 당시 재정경제부, 교육부 등 관련 부처 장관 및 민간 위원이 참석한 가운데 열린 제4차 여성정책 조정회의에서 확정된 것이 여성인력 개발종합계획이다.

내가 장황하게 정책 설명서에 나온 추진 경과를 인용한 것은 이 정책 뿐만 아니라 각종 지방자치단체를 포함한 여타의 다른 정책 당국도 여성인력 개발정책을 세우며 공통적으로 빼먹고 있는 것이 있기 때문이다. 공통적으로 여성인력 개발정책이 약발이 없는 것은 공통적으로 빼먹은 것과 관계 있지 않을까? 쌍화탕에서 대추가 빠지면 안 되듯이 여성인력 개발정책에서 절대 빼놓으면 안 되는 그것, 대책이 약발을 내기 위해서는 무엇보다도 심혈을 기울여 준비해야 하는 그것은 바로 여성인력 개발에 있어 길잡이이자 조력자가 되는 남성 배우자의 역할에 관한 것이다.

모든 사람이 오른손으로 악수하니까 때론 왼손도 악수에 쓸 수 있다는 점을 잊어버린 것처럼, 여성인력 개발이라고 하니 여성만 생각하고 여기에 예산만 쏟아 붓는 오류를 반복하고 있는 것이다. 현장에 있는 여성들의 목소리를 들어보면 일단 일하러 나오기까지 결심하는 과정도 어렵고 힘들지만, 일하러 나오기로 해도 자신의 경력과 능력을 그대로 인정받기 어려워 경제적 만족이 떨어지는 경우를 많이 본다.

평균적인 여성이 직업 경력을 가지고 결혼과 육아로 인해 경력 단절을 겪었다고 해 보자. 이제 45~50세 정도가 된 상황에서 다시 경제활동을 생각하고 있다. 그렇다면 이 사람의 경제적 만족에는 무엇이 가장 크게 영향을 미칠까? 주변을 둘러보거나 아는 사람의 이야기를 들어보면 경력 단절 여성이 다시 일자리를 얻는 경우 이 사람이 받은 교육이나 경력을 따져보면 이 사람이 받을 수 있는 임금이나 가질 수 있는 일자리는 대강 정해져 있다. 대학 나오고 컴퓨터 프로그램을 했던 여성이라면 150만 원선, 단순 허드렛일은 70~150만 원선 뭐 이런 식이다.

하지만 이들이 이것보다 더 많은 임금을 받기 위해서는 어떤 도움이 더해져야 할까? 나는 그 대목에서 배우자의 역할이 중요할 것이라고 생각한다. 남편이 도와주면 능력을 살려 최대한 좋은 조건을 찾겠지만 남편이 비협조적 이거나 방해한다면 부인의 취업조건은 가뜩이나 어려운 상황에서 더 나빠질 수 밖에 없다. 50대 들어 허드렛일을 시작한 여성들이 '박복한 이놈의 팔자'라는 말을 입에 달고 다니는 이유도 여기에 있다. 나쁜 배우자 탓에 준비도 되지 않은 상태에서 어쩔 수 없이 일을 하러 나오게 되면 받을 수 있는 대우도 받지 못하게 된다.

이런 상황에서 정부의 대응은 무엇인가? 신기하게도 정부 중앙부서나 지방자치단체가 내는 여성인력 개발정책은 얼추 비슷한 목차와 내용, 소위 스토리 라인을 가지고 있다. 다양한 여성 일자리의 확대, 여성능력 개발 및 고용기회의 확대, 여성인력 개발인프라 확충, 직장과 가정의 양립기반 조성, 정책 추진체계 정비. 뭐 이런 이야기는 어디서나 비슷하게 흘러간다. 우리나라는 고급 여성인력이 많지만 이들의 활용도는 매우 낮다. 다시 말해 머리 좋고 많이 배운 여자들이 결혼했다는 이유로 살림살이를 하고 있는 것이다. 물론 살림은 죽임의 반대말로 사람에게 매우 중요한 일이고, 더 나아가 오늘날의 살림은 미국의 경우 대기업을 이룰 정도(마사 스튜어트 같은 사람을 보라)로 큰 사업이 되기도 한다. 그러나 한국 여자들은 그저 가정에 묶여 버리고, 주저 앉아 움직이지 않는 편에 가깝다.

올림픽을 개최하던1988년(45%)이나 2005년(50.1%)이나 여성 경제 참가율은 별로 나아지지 않았다. 주요 선진국과 비교해도 매우 낮은 수준이다. 게다가 성 차별적 요소마저 있다. 주요한 선진국의 경제 활동율을 보면 남자와 여자 모두 뒤집힌 U자, 즉 ∩의 형태를 띠고 있다. 여성이라 하더라도 출산이나 육아를 이유로 직장을 그만 두는 경우가 적어, 남성과 마찬가지로 50대 중반까지 활발한 경제활동을 보인다. 고등교육을 받고, 직장에 들어가서 근무하기 시작하면 여자라고 해서 출산이나 보육 때문에 중간에 회사를 그만둬야 하는 경우가 적기 때문에 계속 직장에 근무할 수 있고 그래서 50대가 되면 경영진이나 관리층에서 여자를 발견하기란 별로 어렵지 않다.

그러나 우리나라는 다르다. 우리나라 여성은 20대에 남자보다 우수한 능력을 보이더라도 결혼한 이후, 출산이나 육아를 이유로 직장을 그만두거나 쉬는 경우가 많다. 30~40대 여성 경제 활동율이 낮은 이유가 여기에 있다. 그러다가 아이들이 고등학교나 대학 진학을 생각해 볼 때쯤을 전후로 다시 노동시장에 진입할지 여부를 검토하게 된다.

그러나 우리 나라 여성의 자존심은 또 얼마나 센가! 학교 때 자신보다 훨씬 못했던 남자 동급생이나 결혼을 포기하고 직장에만 일로매진한 여자 친구들이 관리직이나 고위직에 앉아 있는 반면, 직장 경력이 끊어져 다시 계약직이나 하위직으로 시작해야 하는 자신의 현실을 감안하면, 이혼이나 남편의 사망 등 새로운 수입 없이는 감당하기 어려운 웬만한 상황이 벌어지지 않고서는 훨씬 낮은 대우와 직급을 감수하고 다시 옛 직장이나 자신의 전문 분야로 돌아가기란 쉽지 않은 일이다. 이렇게 생각하는 사람들이 많으니 고학력 여성일수록 다시 재취업한다는 것은 어려운 일이 되고 만다. 고학력 여성의 경제 활동 참가율이 아예 결혼 이후 노동시장 재진입을 포기하는 L자 형태를 띠는 것은 이 때문이다.

사회 전반적으로 노동시장에 여성이 재진입 한다고 하면 으레 허드렛일이나 일용직 같은 남들이 하기 싫어하는 질 낮은 일자리만 기다리고 있을 것 같이 생각하는 이유도 고학력 여성들이 일찍 노동시장에서 퇴장한 이후, 여성을 상대로 하는 고급 일자리의 조성과 공급 라인 자체가 끊어져 버렸기 때문이다.

2003년 조사에 따르면 첨단직종에서 여자의 비율은 특히 낮은데, 공학 전문가의 5.4%, 과학자의 17.7%, 컴퓨터전문가의 18.3%에 불과했다. 전체 취업자 가운데 관리직 내에서 여성의 비율은 우리의 경우 불과 5% 대에 그쳐(2001년 기준), 일본의 절반 수준, 싱가포르의 5분의 1, 미국의 9분의 1에 불과했다. 통계에 의하면 여성 고학력자들이 노동시장에 적극적으로 참여해, 고부가가치를 생산하는 고급 일자리에 다시 진출하지 않는 이상 우리의 국가경쟁력이 일본이나 다른 경쟁국을 앞서기란 불가능하다.

또한 고학력 여성들의 적극적인 노동시장 진출은 비단 그들만의 일자리에 그치지 않고, 50대에 다시 노동시장에 진출해 한 달 내내 고생하며 겨우 100만 원을 손에 쥐는 여성들에게도 보다 우호적인 노동시장 환경 조성의 계기가 될 것이다. 가사도우미에게 근로조건 이외의 호의를 베푸는 사람은 주인 아저씨가 아니라 아줌마인 경우가 많다. 이는 가사도우미 관리가 여성의 몫이기 때문인 이유도 있지만, 여성 가사도우미와 쉽게 소통할 수 있는 사람이 같은 여성인 아줌마이기 때문이다.

관리직에 더 많은 여성이 진출하면 할수록 이들이 관리하는 여성 일용직의 근로 만족도는 높아질 것이다. 임금이나 근로시간 같은 고정적인 내용은 당장 바꾸기 어렵겠지만, 적어도 여성 일용직의 애환이 무엇인지, 주어진 조건 내에서 세심한 손길 하나로 그들의 마음을 다독여 줄 방법이 무엇인지는 생각해 실행할 수 있기 때문이다. 심지어는 힘들게 살아가는 사람의 경우 누군가가 넋두리라도 진지하게 들어주면 절반은 풀린다고 하는 사람이 있다.

나는 학교, 사무실, 백화점, 지하철 역사 등의 남자 화장실에서 깜짝 놀랄 때가 많다. 용무를 보고 있는데 갑자기 무단 침입해 무표정한 얼굴로 대걸레를 미는 여성들 때문이다. 선진국 대열에 올라가겠다는 나라에서 공공 화장실 청소 관리가 그 정도 수준이라니. 얼굴이 뜨거워 들고 다닐 수가 없다. 화장실 청소하는 방식 하나만 봐도 이들이 창의적이고 혁신적인 노무관리의 대상이 되고 있지 못하다는 점을 금방 알 수 있다. 여성 일용직의 업무는 작은 일이라고 생각하고 신경도 쓰지 않고 문제점을 개선할 생각도 하지 않으니 아무리 창의적인 방안이 있어도 이들의 상태가 개선될 여지는 없어 보인다.

50대에 다시 일자리를 구한 여성들이 가장 대표적으로 호소하는 어려움은 저임금이다. 사정을 들어보면 안쓰럽지 않은 경우가 없지만, 그렇다고 해서 임금을 경제적 이유가 아닌 사회적 이유로 결정할 수도 없다. 지금까지의 인식은 여기에 머물러 있다. 50대에 다시 일자리에 나온 여성들의 저임금 문제를 그냥 놔둘 경우 여성 경제활동을 늘리려는 모든 정책은 수포로 돌아갈 수도 있다.

여성 저임금을 사회적 관점에서 접근해야 하는 이유가 여기에 있다. 임금이 만족스럽지 않을 경우, 50대 여성들은 일을 하러 나가야 될지 곰곰이 생각해보고, 이것저것 대안을 비교해 자신의 기준에서 합리적 판단을 내릴 것이다. 생활에 실질적으로 도움이 되지 않을 것이라면 그들 입장에서는 차라리 다시 일을 하는 것보다 정부의 복지정책이나 구호물자에 의존하는 편이 낫다고 판단을 할 수도 있다. 사회적으로는 여성 저임금을 재정이나 공동체의 의지로 보조하는 편이 나을지 아니면 일할 능력이나 의사는 있는 여성이 수지타산이 맞지 않아 그냥 좀 부족해도 놀면서 재정을 축내는 것을 그냥 두고 볼지 공론화에 붙여 합의를 이끌어 내야 할 시점이다.

경제적 어려움 때문에 고생하는 50대 여성들의 이야기를 들어보면 그들은 낮은 임금 때문에 대개 두 가지 이상의 일을 한다고 한다. 낮에는 청소아줌마가 되었다가 저녁에는 정수기 관리사원 같은 일을 하는 식이다. 만약 관리직들이 50대 여성들의 문제에 대해 진지하게 고민하고 그들의 아픔을 함께 할 생각이 있다면 낮은 임금의 여성들이 한 직장 내에서 '투 잡'Two jobs을 할 수 있도록 배려해 주면 어떨까?

내가 다니는 학교를 잘 살펴보면 청소하는 아줌마도 필요하지만, 커피 자판기 관리사원도 있어야 하고, 화장실의 소모품을 공급해 주는 사람도 왔다 갔다 하는 것을 볼 수 있다. 문제는 이들이 다 제각각 활동하기 때문에 시너지가 발생하지 않는다는 점이다. 화장실 청소하는 것만 가지고 지금보다 높은 임금을 지급하기란 쉽지 않지만, 더 다양한 업무를 한 사람이 하게 된다면 임금을 더 주고 받을 수 있지 않겠는가? 일자리 전체로 놓고 보면 아랫돌을 빼서 위에 놓는 식이라는 비판이 제기될 수 있다.

하지만 더 젊고 새로운 일에 도전할 수 있는 3040(30대와 40대) 젊은 남성들이 50대 여성들이 한 가지 일을 마치고도 부가적으로 할 수 있는 단순한 업무를 직업으로 삼는 것은 사회적으로 봐서 인적 자원의 낭비다. 50대 여성 노동력이 노동 시장에서 3040 비숙련 남성 노동력을 대체할 수 있다면, 우리나라 일자리 구조 자체가 재구성되는 계기가 될 것이다.

정부가 많은 전문인력과 예산을 투입해 개발한 여성인력 개발정책에도 소통의 문제는 있었다. 정부 정책 입안이 현장과 동떨어져 있다고 생각하는 이유는 실제로 나처럼 집사람을 공부시켜 본 입장에서 볼 때 여성들이 노동시장에 다시 진입하려면 무엇이 진정 필요하며 어떤 지원이 중요하게 작용하는지 보다 심도 깊은 고민이 이뤄졌어야 하는데 그저 좋은 말만 나열하는 데서 그쳤다는 느낌이 들었기 때문이다.

일자리 정책에서 여성을 주목하는 것은 이들이 태어나면서 자연적으로 여성이라는 성을 부여 받았다는 이유 때문은 아닐 것이다. 결혼이나 출산으로 인해 우리 사회 속에서 남성과 구별되는 속성을 갖게 되었기에 별도의 정책이 필요한 대상이 되었기 때문이다. 그렇다면 이들의 재취업과 관련해서는 그들의 배우자가 해야 할 역할이나 그에 대한 객관적인 평가가 이뤄져야 마땅하다. 하지만 정작 정부의 자료에는 그러한 내용이 전혀 언급되어 있지 않다.

참고 할 만한 것은 앞 절에서 언급했던 골드만삭스의

보고서다. 그 보고서에는 이런 대목이 나온다. '2006년 일본 정부의 조사에 의하면 6세 이하 아동을 둔 일본의 남자들은 평균 1시간을 아이 돌봄과 가정 일에 쓴다.(1시간 가운데 33분은 아이에게 쓴다) 이는 평균 3시간 이상을 쓰는 스웨덴, 미국 그리고 독일 아버지들의 3분의 1 이하 수준이다.' '아빠는 어디에?' 라는 제목의 그래픽을 친절하게 덧붙여서 여성 경제활동 참가율이 저조한 1차적 책임을 가정의 비민주적 운영방식에 돌리고 있다.

우리나라에서 여성의 재취업을 고민하는 사람들은 남성 공무원 위주로 구성되어 있다. 이들은 자신들이 수립하는 정책의 고객인 국민, 특히 여성 국민들을 진정 왕처럼 생각하고 있을까? 여성들이 무엇 때문에 고민하는지를 더 잘 알기 위해 치열하게 고민했다면 우리나라의 정책 보고서에도 당연히 이런 내용이 들어가 있어야 하지 않았을까? 여성 일자리 문제의 근본에는 비민주적인 가정의 혁파 문제, 즉 가정 민주화 이슈가 똬리를 틀고 앉아 있었던 것이다!

만약 정책에 여성 재취업을 직접 고민해 본 사람들의 목소리가 담겼다면 우리나라 남성들의 가부장적 가정 내 행동 패턴에 대해 문제를 제기했을 것이다. 그렇다면 하루에 한 시간 밖에 가사를 도와주지 않는 일본 남성들의 행태를 비웃기에 앞서, 우리의 실태를 살펴보고 이를 바꾸지 않고는 고학력 여성들의 재취업을 유도할 수 없다는 점을 알아챌 수 있었을 것이다.

나는 부인의 재취업이 내 문제가 되자 결단을 내릴 수 밖에 없었다. 앞서 적은 그대로, 밥상의 구조조정을 시도했고, 휴일을 없앴고, 집에 손님들이 찾아오지 않도록 할 수 밖에 없었다. 여성 재취업에서 가장 중요한 것은 능력 있는 여성들을 육아와 가사, 노인봉양에서 해방시켜 주는 것이다. 사회가 그런 것을 충분히 해주지 못하기 때문에 어쩔 수 없이 개인적이 차원이나 가족적인 차원에서 자구노력을 할 수 밖에 없었던 것이다.

정부에서 고학력 여성들의 재취업을 실효성 있게 추진하려면, 그들과 살고 있는 배우자들에 대한 여성 취업 지원능력 향상 교육 프로그램을 만들어 실시해야 할 것이다. 남성들이 여성들의 가사와 육아 부담을 50%만 떠안는다면 고학력 여성들의 경제활동 참가율은 획기적으로 높아질 수 있을 것이다. 나의 경우에는 육아를 처갓집에 맡겼고, 가사는 대폭 단순화 시켰거나 아예 포기해 버리는 전략을 구사했다. 나보다 상황이 어려운, 그래서 직접 육아문제를 해결해야 하는 경우 남성은 어디까지 아내를 도울 수 있는지, 또 아내를 도우려면 어떤 작전을 써야 하는지 구체적으로 가르치고 몸에 익힐 수 있도록 해 줄 필요가 있다.

따라서 50대 여성의 재취업율을 높이려거든 정부는 50대 남성의 가정 내 역할을 재조정할 수 있도록 그들을 교육하고 인센티브를 제공해야 한다. M자 커브의 대상이 되고 있는 50대 여성들은 남편의 도움으로 일단 천군만마를 얻은 것과 같은 느낌일 것이다. 부부가 함께 일자리를 찾아보고, 각종 자격증 정보나 교육 훈련 정보를 알아보러 다닌다면 분명 숨은 곳에서 진주를 발견할 수 있을 것이다. 부부가 일심동체만 된다면 일자리 정보나 기회는 그렇게 멀지 않은 곳에 있다.

가장 먼저 찾아갈 곳은 자신이 사는 시 · 도의 일자리 센터다. 현재 실시되는 서비스 가운데 경기도의 복지 서비스는 우리나라에서는 보기 드물게 공급자(정부나 기업) 중심이 아닌 복지 서비스 수혜자(대중) 가 중심이 되어 디자인된 맞춤형 서비스인데, 그 성과에 비해 잘 알려져 있지 않다.

현대 민주주의 국가는 복지국가를 지향한다. 과연 나

라가 국민에게 얼마만큼, 어디까지 복지 서비스를 제공해야 하는가 하는 문제는 여러 가지 의견이 있을 수 있다. 최근까지 우리나라에서 선별적 복지냐 보편적 복지냐 논란이 있었지만, 결국 좋은 정부란 국민들이 험난한 세상을 살아가면서 누가 언제 무슨 일을 당할지 모르기에 그런 경우에도 곤란을 크게 겪지 않고 살아갈 수 있도록 서비스를 제공하는 것을 목표로 하고 있다.

살다 보면 주머니 사정이 빠듯할 때, 누군가 반갑게 찾아와서 밥 한끼 사주고 가면 그지 없이 고마운 것도 사실이다. 밥 한끼 사주는 돈이 내가 낸 돈이 돌아 돌아 다시 온 것인지 아니면 처음부터 남의 돈인지는 별로 중요하지 않다. 얻어 먹는 입장에서는 주눅들기 마련인 것이 이 복지 서비스 수혜자의 마음이다. 밥까지 얻어 먹으면서 이것 먹자 저것 먹자 하긴 곤란하기 때문이다. 이 때문에 복지 서비스의 제공은 공급자 위주로 그 내용이 구성되고 그러다 보니 복지 수혜자들에게 정작 필요한 것이 빠져 새로운 도약의 계기를 제공하지 못하는 경우가 많았다.

이런 점에 착안해 경기도에서는 수혜자 중심으로 정책 프로그램을 구성하기 위해 노력했다. 비록 지금은 일들이 제대로 풀리지 않고 형편이 안되어서 복지 서비스를 받고 있지만, 이때 제대로 한 번 도와주면 다시 찾아오지 않아도 되니 서로 좋다는 것이다. 제대로 알려지지 않아서 그렇지 접근 방식이 매우 신선하다. 사실 책에도 나오는 내용이지만 현실에서 찾아보기 어려웠다는 쪽이 더 적절한 표현인 것 같다.

이 가운데 여성 재취업 및 직업 훈련 프로그램이 있다. 대략 이런 식이다. 경기도 내 43개 시 · 군 지역에 무한돌봄 센터가 있다. 여성 희망자가 이런 하부 기관을 찾아가면 전문가가 개별적으로 이들을 만나 상담을 한다. 나는 이 부분이 가장 중요하다고 생각한다. 다른 복지 서비스와 차별화되는 부분도 이 지점에 있는 것 같다. 시간이 좀 걸리고 사람 손이 많이 가지만 한 사람 한 사람의 목소리를 들어봐야 그 사람이 잘할 수 있는 것이 무엇인지, 당장 필요한 것이 무엇인지 알 수 있지 않겠는가?

원하는 것이 무엇인지도 모르는 채 일반론에 빠져, 아니면 주는 사람의 기분에 따라 일자리, 복지 혜택, 재취업 교육을 제멋대로 집행하면 좋은 성과를 거두기란 처음부터 불가능하다. 그 다음에 구체적인 액션이 들어간다. 김문수 경기도지사는 잘 알려진 대로 맨바닥을 기어 본 사람이다. 노동운동가 시절 먹고 살기 위해 열 관리사, 보일러·기사 등 각종 자격증을 땄다. 최근엔 9번째로 택시운전 자격증을 거머쥐었다. 그는 일 할 수 있는 사람이 노는 것은 죄악이라고 생각하기에 만사를 제쳐두고 여성의 재취업에는 강한 집중력을 보였다. 경기도가 여성 재취업에 있어서 '대한민국 1번지'라는 이야기를 듣는 것은 도정 책임자의 경험에서 나온 지혜가 담겨있기 때문이다.

사실 우리나라의 여성 고학력 인력의 활용 문제는 국가적인 과제가 된지 오래다. 여성인력, 경제성장률, 가계부채 이 모든 문제가 연결되어 있다. 대학 등록금이 천정부지로 솟아 반값 등록금이 사회적 이슈가 되는 나라에서 대학을 졸업한 여성의 절반을 조금 넘긴 57%만이 경제활동에 참가하고 있다는 사실(2003년 기준)은 사회적인 자원 낭비이자, 가정 차원에서는 5000만 원이 넘는 투자 실패의 사례다.

가계부채의 원인이 대학등록금에서 시작되는데, 빚을 내서 기껏 투자한 곳이 써 먹지도 않을 대학 졸업장이라니 채무자인 가장 입장에서는 기가 찰 노릇인 셈이다. 여기서 가계부채 5000만 원이라고 한 것은 독자들의 현실감을 자극하기 위해, 한 학기 등록금 500만 원을 기준으로 8학기 등록금과 부대 비용을 포함한 대략의 대학 교육비다. 스웨덴의 경우 대학을 졸업한 여성의 88%가 경제활동에 참여하고 있어 우리와는 극명한 대조를 이룬다. 미국, 독일, 일본, 중국 등 허다한 선진국을 놔두고 자꾸 스웨덴에 눈이 가는 것은 스웨덴과 우리나라가 비슷한 경제 규모를 가지고 있고, 산업구조도 비슷하기 때문이다. 물론 우리나라는 전세계에서 가장 호전적이고 무모한 적과 대치중인 휴전 국가로 복지, 과학기술 투자보다 군사비의 비중이 더 클 수 밖에 없는 형편인 반면, 과거 소련과 대적했지만 공산주의 몰락 이후에는 복지와 과학기술 투자에만 신경 쓸 수 있는 스웨덴은 비록 우리나라보다 기후 조건은 열악해도 국가 재정 운영 측면에서는 훨씬 더 장점이 많은 나라이기는 하다.

어쨌든 고학력 여성이 출산이나 육아를 이유로 취업을 포기하지 않도록 적극적으로 지원하는 것은 국가 잠재 성장률을 달성하고, 경제의 활력을 키우기 위한 불가피한 조치다. 일자리를 가진 엄마는 아이를 더 낳는 것에 대해 오히려 긍정적인 반면, 경제적으로 불안한 부부는 아이를 갖기 어렵다는 조사 결과는 전 세계 어디서 조사를 시행해도 대체로 비슷하게 나온다. 그렇다면 고학력 여성의 재취업 지원 정책이 먹혀 들어간다면 가임 여성의 저출산 문제도 실마리를 풀 수 있을 것이다.

정부는 이 모든 것들이 남성들을 교육하고 여성을 돕는 행동을 습관화시키는데 있다는 점을 명심해야 할 것이다. 그런 면에서 남성에 관한 연구나 교육, 훈련에 대한 준비나 언급이 없는, 각종 '여성'이란 단어가 붙은 정책연구소와 정부기관의 보고서와 사업 계획은 현실성이나 진정성에서 '합격'이라고 말하기 어렵다.

3.
여성 고용을 푸는 법

이 책의 주제는 공부하고 일하자는 것이다. 특히 여성이 공부하고 일하기 위해서는 그를 사랑하는 남성의 역할이 꼭 필요하다는 것이다. 과거에는 일만 하면 되었다. 일이 중심이었다. 하지만 21세기는 지식기반 사회라고 한다. 공부가 바탕 되지 않는 한 좋은 일자리란 불가능하다. 그렇다면 과연 무슨 공부를 할 것인가? 또 과연 공부만 제대로 하면 원하는 일자리를 얻을 수 있을 것인가?

전자의 문제는 개인적으로 살펴봐야 한다. 공부를 새로 시작하려는 부인이라면 남편과 2인 1조로 돌아다니며 각종 정보를 모으고 레이더를 가동해야 한다. 명색이 기자라는 나도 과거 집사람을 공부시킬 때, 피상적으로 공인중개사 시험이 쉬운 줄 알고 덥석 시작하려고 했다가 서점 아저씨의 말을 듣고 간신히 큰 코 다칠 뻔 한 일을 피했다고 앞에서 말했다. 모름지기 현장에 직접 가서 체험자들의 이야기도 듣고, 그 분야의 성공담과 실패담도 참고해야 제대로 판단할 수 있다.

반면 공부만 제대로 하면 원하는 일자리를 얻을 수 있는가? 하는 문제에 대해서는 솔직히 답하기 어렵다고 생각한다. 열심히 공부해도 일자리가 생기지 않을 수 있다. 이런 현실의 개선은 혼자만의 힘으로는 어렵다. 그래서 나는 투표가 매우 중요하다고 강조한다. 우리 주변에는 많은 공부가 있다. 아니 넘쳐난다는 표현이 적합할 것 같다. 자기소개서 쓰기부터 입사시험용 자격조건(스펙) 쌓기까지. 정작 필요한 공부 빼고는 다 있는 것 같다. 정치 공부는 그 빠진 공부 가운데 하나다.

정치 공부가 왜 필요하냐고 묻는다면 매달 월급에서 빠져 나가는 각종 명목의 세금을 한번 더해 보라고 말하고 싶다. 어디다 쓰는지도 모르면서 세금만은 꼬박꼬박 낸다. 하지만 정작 궁할 때는 정부를 상대로 큰 소리 한

번 치지 못한다. 이런 사람들이 정치 공부를 왜 해야 하느냐고 묻는다면 정답은 민주주의를 표방하는 정치 공동체에서 살아가기 위해서는 정정치를 배워야 한다고 말해주고 싶다. 이는 자본주의 사회에서 잘 살아가기 위해 경제를 공부하는 것과 마찬가지다.

사회가 변화하듯 정치도 변하고 있다. 과거 정치지도자가 지역이나 이념의 기반에서 출발해 대권으로 향했다면 이제는 정책에서 출발해 대권으로 향한다. 정치 지도자들의 무기가 한恨이 아니라 정책이 되었다. 이러한 추세가 더욱 빨라지는 것은 무엇보다도 우리 정치 공동체가 많이 발전해 이제는 '정상 국가'가 되었기 때문이다.

독재 시대처럼 비정상적인 상황이라면 정치인이 탄압도 받고, 굴곡과 사연을 품게 된다. 투표는 정책이 아닌 인물 위주로 흘러갈 여지가 크다. 하지만 지난 1987년 이후 우리나라 민주주의는 제도화를 지나 안정화를 거쳐 성숙화 단계에 접어들었다. 정상 국가에서는 일반적으로 정상적인 과정을 밟은 사람이 국민들에 의해 선택된다. 정상 국가의 정치 지도자는 국민들에게 좋은 정책을 제시하고, 지지를 유도해 선거에서 당선되는 것을 목표로 움직여야 한다.

그들에게 필요한 정책을 요구하고, 원하는 정책을 제시할 때 표를 주는 것은 현명한 유권자의 기본이다. 현명한 유권자가 한 명이 아니라 여러 명이 모이면 더욱더 큰 효과를 갖고, 결국 민주주의는 완성된다. 우리는 대통령부터 기초의원, 심지어 교육감까지 각종, 각급의 선출직 공무원을 뽑을 권리를 가지고 있다. 이들에게 여성의 재취업을 위한 확고한 대책을 요구하고, 어떤 실천 가능한 대안을 가지고 있는지 들어보고, 지난번에 한 번 뽑았던 사람이라면 그가 어떤 약속이행 실적을 보였는지 확인하는 것은 투표를 하기 전에 거쳐야 하는 가장 기본적인 절차다.

재취업을 위해 가정적으로 희생하고 부부가 한마음이 되어 공부를 했는데 정작 일할 기회가 없다면 그것은 당사자의 잘못이 아닌 사회의 문제다. 국민의 표를 빌려 선출된 선량들은 그런 문제를 해결하라고 우리가 낸 세금에서 월급을 받는다. 나는 신문사에서 정치부 기자도 했고, 선거에 출마하기도 했다. 내 선거를 해 보기도 하고, 다른 사람이 선거를 치르는 것을 옆에서 관찰하기도 했다. 라디오 토론 프로그램에 정규적으로 나가 정치평

론가로 소개되며, 한 주간의 정치평론을 담당했던 시기도 있었다. 우리나라는 각 정당이 소위 텃밭이라는 것을 가지고 있다. 어떤 정당은 경상북도, 어떤 정당은 전라남도, 뭐 이런 식이다. 어떤 정당의 텃밭 지역에 출마한 상대당 후보는 당선 가능성이 희박하다. 반면 텃밭 지역을 자랑하는 정당은 후보자를 내세우며 큰 고민을 하지 않는다. 웬만한 사람이라면 다 당선되기 때문이다. 정치현장을 가까이서 지켜본 결과, 상대당의 텃밭지역에서 출마한 후보 가운데 의외로 좋은 인물들이 많았다.

서울 · 경기 등 수도권의 경우에도 '바람'이라는 선거 당시의 정치적 상황에 따라 개별 후보자가 자신의 정책에 대한 유권자의 평가와 무관하게 선출되기도 낙선하기도 한다. 마치 아무리 좋은 상품이라도 매장에 전시되지 못해 소비자의 선택을 받을 수 없는 경우와 같다. 좋은 정책을 가진 후보를 뽑지 않고 바람을 잘 탄 후보를 뽑는다면 그 손해는 누가 보게 될까? 물론 당사자가 가장 힘들겠지만, 현실을 바꿀 수 있는 좋은 정책과 후보를 고르기 위해 4년을 더 기다려야 하는 유권자도 큰 손해를 봤다고 할 수 있다.

선거를 여러 번 기획한 전문가들은 선거운동에서 가

장 좋은 작전은 상대방의 약점을 공격하거나, 없는 사실을 있는 것처럼 꾸며 말해서 유권자들의 표심을 움직이는 네거티브 캠페인이라고 입을 모은다. 네거티브 캠페인이 워낙 효과가 좋다 보니 아무리 정책 대결을 하고 싶어도 일단 네거티브 캠페인에 당한 후보는 빼앗긴 표를 만회하기 위해 다시 상대방을 공격하는 네거티브 캠페인에 의존하는 현상을 빚게 된다. 악순환이 반복되는 것이다. 이런 과정이 이어지면서 선거에서 정책은 사라지고, 네거티브만 남게 된다. 결국 이런 과정에서 우리가 정작 알고 싶었고, 우리 인생을 바꾸는 데 도움이 될 만한 힘이 되는 이야기는 사라진다. 좋은 정치가 좋은 민생을 가져오지만, 좋은 정치를 위해서는 현명한 표심이 있어야 하는 것도 여기에서 기인한다.

Part 5

외조(外助)의 비법

5전 2승 3패. 우리가 함께 수험생활을 하며 거둔 성적이다. 나와 우리 집사람은 1997년 7월부터 사법시험 준비를 시작하여 2001년 12월 최종 합격통지서를 받아 들기까지 4년여 동안 면접시험을 제외한 5차례 필기시험 — 세 번의 1차 시험과 두 번의 2차 시험 — 을 보았고, 이 가운데 1차, 2차 시험을 한 차례씩 통과했다. 그 사이에 사랑하는 아들도 태어났다. 주변 사람들의 사랑과 격려가 없었다면 결코 이뤄낼 수 없는 일이었다.

이 책은 20대 후반에 결혼한 젊은 부부가 신혼 초반 그들만의 방식으로 살아간 흔적의 기록이다. 개인사에 불과할 수도 있는 이야기를 출판하기로 한 것은 이 책이 요즘 우리 사회의 가장 큰 문제점으로 대두되고 있는 여성 인력의 재취업이라는 문제의 해결책을 찾아보는데 조금이나마 도움이 될 수 있다고 생각했기 때문이다.

'대한민국'호號는 인구 고령화로 인해 점차 그 추진력인 '경제 성장'이라는 엔진이 꺼져가고 있다. 앞으로 과거와 같은 두 자리 숫자의 성장률은 기대하기 어렵고, 2~3%대의 성장도 쉽지 않을 전망이다. 대통령 선거에 나온 후보들의 공약에서조차 성장률 공약이 사라지기 시작했다. 증가세가 꺾인 인구변동 추세 속에서 그동안 사장되어 있던 우리나라의 풍부한 여성 경제력에 눈길이 가지 않을 수 없다.

하지만 솔직히 나와 우리 집사람이 사법시험 준비를 시작한 것은 그런 거시적인 시각에서가 아니었다. 부부로 연을 맺고 살아가면서 서로의 희망이나 고통을 외면할 수 없고, 둘이 하나가 되어 함께 풀고 헤쳐 나가야 한다고 생각했기에 우리는 남들이 잘 하지 않는 고시공부라는 길을 택한 것이다.

주말 한강시민공원에 나가보면, 부부 단위로 나와 자전거를 타거나 걷기운동을 하며 여가를 즐기는 사람들이 부쩍 늘어난 것을 보게 된다. 연간 700만 명이 찾는다는 관악산만 해도, 회사나 친구 같은 사회적 단위의 등산객을 뛰어 넘어 부부 단위의 등산객이 늘고 있다. 여성을 내자內子, 즉 안사람이 아니라 옆에 서 있는 사람으로 인정하고 그 무대를 만들어 주는 것이 21세기의 부부상인 셈이다.

나는 이 책에서 남편 된 입장에서 아내를 공부시키는 여러 가지 방법을 적었다. 편벽되거나 왜곡된 표현이 있다면 전적으로 필자의 잘못이다. 우리의 수험생활을 음으로 양으로 지원해 주셨던 분들께 충분한 공을 돌리지 못하고, 미숙한 젊은 부부가 잘나서 시험에 붙은 것처럼 읽혔다면 그것도 필자의 부덕으로 돌려주셨으면 좋겠다.

마지막으로 앞에서 전개했던 공부법을 아우르는 공부법이 있는데 그것을 소개하며 책을 맺는다. 그것은 '참고 참고 참으라'는 것이다. 이 항목이 가장 중요하다. 아내가 수험생활을 성공적으로 끝마치도록 하기 위해 필요한 '당근'에는 사랑, 만화, 보약, 고급 서류 가방이 모두 필요하지만 가장 필요한 것은 남편의 인내심이다. 요지는 그만큼 아내의 수험 기간이 남편에게도 견디기 어렵다는 이야기다.

옛말에 '(부모의) 긴 병에 효자 없다'고 했다. 내 방식대로 고치면 '(아내의) 긴 공부에 열부烈夫 없다'고 하고 싶다. 우리 부인은 1999년 1월 아들을 낳았는데, 한 달 뒤 두 번째로 1차 사법시험을 치겠다며 문 밖을 나선 적이 있었다. 우리네 산후조리법은 산모가 행여 바람이라도 맞을까 온돌 바닥에서 따뜻하게 조리를 하는 방식인데, 성치도 않은 상태에서 찬 바람을 쐬었으니 몸 컨디션이 어땠겠는가? 최근에 이 책을 정리하며 그때 왜 그렇게 조급하게 서둘렀느냐고 심경을 물었더니 집사람은 당시 매우 복잡한 감정을 가지고 있었다. 가장 큰 원인은 출산으로 시험 준비가 순연되며 겨우 방향을 잡아 놓은 공부 스케줄이 엉망이 되지 않을까, 그리하여 남편은 물론 주변의 도움마저 사라지지 않을까 걱정했기에 그랬다는 것이다.

나 나름대로는 열심히 돕는다고 도왔는데도, 가끔 성질을 다스리지 못하고 부인에게 힘들다고 투정을 하거나 짜증을 냈던 것이 공부하던 부인에게는 부담감으로 다가섰던 모양이다. 그런 점을 생각하면 제대로 도와주지 못한 것 같기도 해서 미안하다. 그러나 현실적으로 본다면 남편의 인내심에도 한계가 있고 부인의 공부를 인내할 수 있는 가정경제의 형편에도 끝이 있다. 학술활동을 위한 공부라면 평생 공부 개념이 맞겠지만 직업을 위한 실용적인 공부라면 아무리 어려운 자격증 시험이라도 목표와 스케줄이 있어야 한다. 공부라고 해서 마냥 이해되고 용서될 수는 없다. 부인 입장에서 남편에게 참아달라고 하기 이전에 자신의 공부 스케줄을 명확히 할 필요가 있는 이유가 여기에 있다.

그러나 만사가 계획대로 되는 것은 아니다. 당초 세운 계획대로 되지 않는다고 뜸도 들지 않은 솥뚜껑을 여는 실수를 해서는 안 될 것이다. 그러니 아내를 공부시키려 하거나 아내가 지금 공부하고 있는 모든 남편들이여, 성공을 원한다면 참고 참고 또 참아라.

그녀는 결혼 후 검사가 되었다

초판 1쇄 발행 2012년 12월 20일

지은이 · 조희천
펴낸이 · 안병훈

펴낸곳 · 티타임
등 록 · 2004. 12. 27 제 300-2004-204호
주 소 · 서울시 종로구 동숭동 1-49 동숭빌딩 301호
전 화 · 763-8996(편집부) 3288-0077(영업마케팅부)
팩 스 · 763-8936
이메일 · info@guiparang.com
홈페이지 · www.guiparang.com

ISBN 978-89-6523-919-2 03800